Walter Bölk

STETTIN UND SEIN HAFEN

Bilder des Meisterphotographen
Max Dreblow

Die nicht genau datierbare Aufnahme zeigt die aus südöstlicher Richtung aufgenommene Bahnhofsbrücke, die von 1897 bis 1899 erbaut wurde. Sie führte vom Hauptbahnhof zur Silberwiese auf dem Ostufer der Oder. Mit 174,5 m war sie zugleich die längste der drei Stettiner Straßenbrücken. Ihre beiden Klappen zwischen den architektonisch so reizvollen Brückentürmen gaben bei Bedarf eine 45 m breite Öffnung für die Schiffahrt frei. Die auf dem Bild vor der Brücke festgemachten Segler warteten darauf, an der hinter der Brücke liegenden Speicherinsel der Pommerschen Landwirtschaftlichen Hauptgenossenschaft ent- oder beladen zu werden.

WALTER BÖLK

STETTIN
UND SEIN HAFEN

Bilder des Meisterphotographen
Max Dreblow

KABEL

Für das Deutsche Schiffahrtsmuseum
herausgegeben von Uwe Schnall

Redaktion: Uwe Schnall
Umschlaggestaltung: Theodor Bayer-Eynck

Satz und Repro: Der Satz-Partner, Wiefelstede-Metjendorf
Farblithographie: Niemann-Scanrepro, Oldenburg
Druck und Bindung: Kurt Weidmann, Hamburg
ISBN 3-8225-0220-0

Meiner Frau gewidmet

Was vergangen, kehrt nicht wieder;
Aber ging es leuchtend nieder,
Leuchtet's lange noch zurück!

Karl Foerster

INHALT

Vorwort

Beim Sammeln alter Ansichtskarten aus meiner hinterpommerschen Heimat, das ich später auf Strandungs- und Sturmflutmotive von der Ostseeküste ausdehnte, stieß ich auf die sepiagetönten Schiffs- und Hafenaufnahmen von Max Dreblow. Vom ersten Augenblick an war ich von deren Schönheit begeistert. Da sich ihre Zahl aber durch zwei Weltkriege stark verringert hatte und die erhaltenen Karten sich zumeist in Sammlungen befanden, hielt ich es für zu spät, die seltenen Objekte noch selber zu sammeln. Ein glücklicher Zufallsfund gleich mehrerer solcher Karten wurde zum Anlaß, sich dennoch mit dem Werk Max Dreblows zu befassen. Mit viel Aufwand und Mühe begann die Suche nach den über die ganze Welt verstreuten Karten. Anfangs sammelte ich sie aus rein ästhetischen Gründen, später mit dem Ziel, soviel wie möglich von dem Werk eines meisterlichen pommerschen Photographen für die Nachwelt zu erhalten. Dazu verfolgte ich die kleinste Spur jeder einzelnen Karte, leider oft ergebnislos.

Mit dem langsamen, aber stetigen Anwachsen dieser Spezialsammlung und dem Zurückstellen meiner anderen sammlerischen Aktivitäten entstand der Wunsch, Näheres über den Menschen Max Dreblow und seine Arbeitsweise in Erfahrung zu bringen und seinen Namen vor dem Vergessenwerden zu bewahren. Das Ergebnis meiner Bemühungen lege ich hiermit zusammen mit einer repräsentativen Auswahl von Photographien Dreblows aus meiner Sammlung vor und hoffe, daß die meisterhaften Aufnahmen das alte Stettin, seinen Hafen und seine Schiffahrt lebendig werden lassen.

Ich danke allen, die mich bei meinen Nachforschungen mit Informationen und Bildern unterstützt haben. Besonders genannt seien die Herren Werner Böddeker, Göttingen; Fritz Brustat-Naval †, Kiel; Dr. Hans-Günther Cnotka, Kiel; Friedrich W. Equitz, Hamburg; T. Lux Feininger, Cambridge (USA); Klaus Getzin, St. Augustin; Peter Grunwald, Berlin; Herbert Karting, Itzehoe; Dr. Fritz Keese, Neustadt/Wied; Arnold Kludas, Grünendeich; Gottfried Loeck, Beusloe; Dr. Jürgen Meyer, Bremen; Wolfgang Müller, Stralsund; Kurt Pittelkow †, Preetz; Prof. Theodor Siersdorfer, Essen; Bert Westenberg, Stockholm, und Armin Wulle, Lübeck.

Duisburg, im Sommer 1992
Walter Bölk

MAX DREBLOW – SPURENSUCHE

Der Schiffsphotograph Max Dreblow aus Stettin ist heute in Schiffahrtskreisen fast vergessen und auch den Berufsphotographen unbekannt. Vielleicht fiel sein Name gelegentlich den Sammlern alter Ansichtskarten auf, wenn sie eine sepiagetönte Photokarte fanden, die rückseitig mit »Max Dreblow, Stettin« gekennzeichnet war. Im Gegensatz dazu hat der Name Dreblow im kleinen Kreis der Shiplover, die alte Schiffs- und Hafenaufnahmen sammeln, noch heute einen legendären Ruf. Sie sprechen mit großer Anerkennung von ihm, da sie ihn sofort mit besonders aussagekräftigen Photographien in Verbindung bringen.

Ehe ich vor einigen Jahren begann, für meine Dreblow-Sammlung nach Hintergrundmaterial zu suchen, vor allem aber etwas über den Menschen Max Dreblow zu erfahren, wußte man allgemein nicht mehr über ihn, als daß er zwischen 1900 und 1930 in Stettin gearbeitet hatte. Niemand kannte seine Herkunft, wußte Näheres über sein Leben. Außerdem war der Name Dreblow in Stettin häufig, und ein Aufruf in verschiedenen pommerschen Heimatblättern mit der Bitte um Informationen blieb ohne jedes Echo. Bei langwierigen Nachforschungen fanden sich allmählich spärliche Hinweise, allerdings nur aus zweiter oder gar dritter Hand. Die meisten, die den Photographen noch persönlich gekannt hatten, waren inzwischen verstorben. Einige alte Stettiner erinnerten sich jedoch noch 1990 gut an Dreblows in Schaukästen hinter Glas ausgestellte Schiffsphotos und wußten, daß sie schon Anfang der 20er Jahre diese schönen Aufnahmen bewundert und auch einige von ihrem knappen Taschengeld gekauft hatten. Die Bilder waren in den Wirren der Zeiten längst verloren gegangen, aber die Namen der dargestellten Schiffe hatten sich bei den Betreffenden unauslöschlich im Gedächtnis eingeprägt, nicht jedoch die Person des Photographen. Schließlich fand ich in dem seit 1935 in den USA lebenden Künstler T. Lux Feininger den einzigen, der sich noch persönlich an Max Dreblow erinnern konnte.

Alle mühsam gefundenen Details halfen wie Mosaiksteinchen das Dunkel um die Person des Photographen etwas aufzuhellen. Dazu trug auch die intensive Beschäftigung mit dem sich langsam vermehrenden Bildmaterial bei. Einige von Dreblow selber geschriebene Mitteilungen gaben nähere Hinweise auf den Umfang seiner Tätigkeit, und endlich fanden sich auch gesicherte Daten.

Max Dreblow kam 1869 in dem kleinen pommerschen Städtchen Greifenhagen an der Oder, etwa 30 km südlich von Stettin, zur Welt. Nach dem Schulbesuch erlernte er den Kaufmannsberuf und folgte seinem älteren Bruder in die pommersche Landeshauptstadt Stettin. In der sich damals schnell ausdehnenden Stadt, die sich gerade in einem gewaltigen wirtschaftlichen Aufschwung befand, sah auch Max Dreblow eine gute Chance, sich als Kaufmann selbständig zu machen. Die Einwohnerzahl Stettins z.B. hatte sich in nur 15 Jahren mehr als verdoppelt. Sie war von 99500 im Jahre 1885 auf 210000 Einwohner im Jahr 1900 gestiegen.

Im Stettiner Adreßbuch von 1898 finden wir Max Dreblow als Besitzer einer Kolonialwaren-, Delikateß- und Butterhandlung in der Giesebrechtstraße Nr. 12 eingetragen. Außerdem wird sein Geschäft in der Liste der amtlichen Verkaufsstellen für Postwertzeichen und alle postalischen Formulare aufgeführt. Zusätzlich betrieb Dreblow in einem mit dem Laden direkt zusammenhängenden Hinterzimmer einen Ausschank, wie man ihn ähnlich noch bis 1945 in zahlreichen kleinen Lebensmittelgeschäften Pommerns fand. In den kleinen Landstädten besaßen solche Geschäfte oft einen Ausspann für die Pferde der von auswärts kommenden Kundschaft.

Die Gaststuben waren meist mit einem Sofa aus schwarzem Leder und ebensolchen Stühlen eingerichtet, und hier verkehrten fast ausschließlich Stammgäste. Im Sommer tranken sie Flaschenbier und klaren Korn, im Winter meist steifen Grog und spielten dabei Karten. Solche »Sitzungen« zogen sich über viele Stunden hin, manchmal sogar über mehrere Tage. Max Dreblows Wohnung lag hinter dem Laden im Erdgeschoß des gleichen Hauses, wo er »Vizewirth« war, heute würde man ihn Hausverwalter nennen. Er war unverheiratet und blieb es auch bis zu seinem Lebensende, wurde jedoch von seiner mit ihm in der gleichen Wohnung lebenden Schwägerin Therese Dreblow, geb. Ehrke, versorgt, der Frau seines verstorbenen Bruders. Sie half im Geschäft und brachte den Gästen im Hinterzimmer die Getränke. Wegen des gleichen Nachnamens wurde sie oft für Max Dreblows Schwester gehalten.

Bereits 1898 besaß Dreblow einen der ersten Stettiner Telefonanschlüsse mit der Rufnummer 629 (als Photograph hatte er später die Nr. 569). In seiner Wohnung hielt er sich einen immer hungrigen und laut krächzenden Raben, und im Hinterzimmer des Ladens stand ein Glaskasten mit einem lebenden kleinen Krokodil. Sicher hatte es ihm ein Seemann von großer Fahrt mitgebracht, und es erinnerte ihn an seine eigenen, nie in Erfüllung gegangenen Träume von Schiffsreisen in ferne Länder.

Der ehemalige Stettiner Bibliotheksrat Dr. Wilhelm Eggebrecht, der 1975 in Berlin starb, hat 1972 in den »Stettiner Nachrichten« einen kleinen Artikel veröffentlicht mit der Überschrift »Max Dreblow, ein Stettiner Original«. Eggebrecht berichtet darin aus seiner frühesten Jugend, denn seine Eltern waren Nachbarn Dreblows. Sie wohnten 1899 in der Löwestraße 13, im Eckhaus zur Giesebrechtstraße 12, das direkt neben Dreblows Laden lag. Dort kaufte Wilhelm Eggebrechts Mutter ihre Lebensmittel. Eggebrecht erinnert sich: »Wie gerne ging ich mit meiner Mutter zu Onkel Dreblow, der mein Freund war. Hinter seinem Laden gab es eine überaus gemütliche und sogar für die Augen eines Vierjährigen beachtenswerte Schankstube. Sie war jedoch nicht der Grund, weswegen ich begeistert an Mutters Hand zu dem immer vergnügten Onkel trippelte. Nein, ich bekam regelmäßig von ihm ein hübsches buntes Bildchen, eine Süßigkeit oder eine andere Gabe. Einmal aber hatte mich der nette Onkel, übrigens ein Schalk erster Güte, geärgert, ja gereizt, daß ich wutentbrannt mit meinem winzigen Spazierstock, dem unentbehrlichen Attribut meiner erwachenden Männlichkeit, über den Ladentisch nach ihm schlug. Das hätte ich nicht tun sollen, denn vor meinen sehenden Augen brach er mit einem lauten Schrei hinter dem Ladentisch zusammen, um erst einige Sekunden später mit blutüberströmtem Gesicht taumelnd wieder aufzutauchen. ›Du hast mich ja ganz blutig geschlagen‹, höre ich sein schmerzliches Gemurmel, er kann sich vor Schwäche kaum auf den Beinen halten. Nun, das schlug dem Faß den Boden aus. Laut brüllend verschwand der angehende Mörder in Mutters Rockfalten. Jetzt hatte Onkel Dreblow redliche Mühe, mich wieder zu beruhigen, indem er die rote Marmelade, die er sich so geschwind ins Gesicht geschmiert hatte, schleunigst wieder abwischte und nun rein und unblutig vor mir stand. Ob er mir am Ende dieser Affäre sein etwa 60 cm langes grünes Krokodil aus dem Aquarium zeigte und es in sein Schlüsselbund beißen ließ, um es daran hochzuheben, oder ob er seinen Raben mit der lebhaften Verdauung auf die Schulter nahm, das sagt mir selbst das emsigste Untertauchen in den Schoß der Erinnerung nicht mehr. Vielleicht hat er mir die damals schon lange begehrlich bewunderte Reklame von den Quäker-Oats Haferflocken, die Angra-Pequena Post, verehrt, mit der ich plötzlich auf dem Fußboden spielte? Als Versöhnungsgeschenk? Max Dreblow hatte schon damals die große Sehnsucht seines Lebens und ein Leitbild. Das sah man dem breitschultrigen, starkknochigen Manne schon von weitem an, wenn er in seiner Schankstube seinen meist seebefahrenen Gästen Bier und Schnaps ausschenkte oder ihnen, nicht bloß im Winter, den steifen, würzigduftenden, kräftigen Grog kredenzte, welchen für den Unbeweibten seine freundliche Schwester [tatsächlich handelte es sich um seine Schwägerin, Verf.] bereitet hatte. Das war die Umgebung, die ihm gemäß war. Ihr paßte er sich in seiner Kleidung an. Trug er doch stets die weiten, beinahe unverwüstlichen blauen Schifferanzüge mit den flatternden Hosen. Seine Sehnsucht war die weite See. Bei Sonne und Regen und im wilden Sturm auf einem seetüchtigen Segelschiff. Davon schwärmte er mir, seinem kleinen Freund und Bewunderer, vor. Dieser Sehnsucht diente auch seine Liebhaberei, die damals noch nicht so verbreitet war wie heute. Bewaffnet mit einem Riesenkasten aus Mahagoni, einem nicht minder stabilen Holzstativ und einem großen schwarzen Tuch, das für ein weites Frauenkleid groß genug gewesen wäre, wanderte er an allen Tagen, an denen er Lust dazu verspürte, zum Stettiner Hafen, um da ein- und ausfahrende Schiffe »abzunehmen«, wie man damals sagte. Mit seinen sehr gelungenen Aufnahmen, die bald sagenhaften Ruf bekamen, versäumte er auch sonntags keine Gelegenheit, sich mit voller Ausrüstung in Gotzlow oder Sommerlust sehen zu lassen, während Meister Henrion den Taktstock schwang über seinen Fanfaren-Märschen oder den damals beliebten Rhythmen der Sousa-Märsche. Das mag ihm manchen Nebenverdienst eingetragen haben, zumal er seine selbstentwickelten Bilder in wirkungsvoller Aufmachung auf starken Karton aufzog mit schöner Randleiste und sie an die zahlreichen Liebhaber verkaufte. So kam es, daß der ehemalige Kaufmann und Schankwirt bald zum offiziellen Schiffsphotographen der Hafenstadt wurde, der manchen lohnenden Auftrag, auch von der Regierung, erhielt. Wenige Jahre nach 1900 verzog er zusammen mit seiner Schwester [Schwägerin] zum Bollwerk, um seinem Arbeitsfeld näher zu sein. Mein Vater hat ihn mit mir gemeinsam dort oft besucht. Dabei erntete ich viele prächtige Schiffsaufnahmen von den letzten großen Drei- und Viermastern, die den Stettiner Hafen anliefen – der letzte dürfte wohl die GENERAL FAIDHERBE gewesen sein. Hätte ich heute noch die schönen großen und klaren bräunlichen Aufnahmen, die einst mein Pennälerzimmer schmückten, dann besäße ich beinahe unschätzbare Dokumente aus der Geschichte der Lichtbildnerei wie der Stettiner Schiffahrt.

Zum letzten Male traf ich den inzwischen Bejahrten und Ergrauten ums Jahr 1924, da er als Pressephotograph irgendwo aufkreuzte, immer noch im gewohnten blauen Seemannsanzug. Wir lagen uns beide in den Armen und gedachten lachend meiner guten Mutter und seines Streiches mit der Marmelade, und damit verliert sich seine Spur aus meinem Leben ...«

Diese liebenswerten und heute so wertvollen Erinnerungen eines alten Stettiners sind leider die einzigen, in denen ein Zeitzeuge ausführlich über den Menschen Max Dreblow berichtet. Aus Wilhelm Eggebrechts Zeilen ist außerdem ersichtlich, daß es die Liebe zur Schiffahrt und das Interesse an der Photographie gleichermaßen waren, die Dreblow zum Schiffsphotographen werden ließen. Bei diesem Vorhaben stieß er, mit heutigen Worten gesagt, in eine Marktlücke, denn um 1900 fanden sich dafür in Stettin die besten Voraussetzungen. Dort fehlte es damals zwar nicht an Berufsphotographen – ohne Dreblow zählte man z.B. 1903 bereits 18, von denen der »Hofphotograph« Louis Klett in der Breiten Straße und Alexander Matthaey in der Pölitzer Straße die bekanntesten waren –, sie hatten sich jedoch hauptsächlich auf die beliebten Porträtaufnahmen spezialisiert, und ihre wenigen Hafenbilder dienten als Druckvorlagen für die ersten Ansichtskarten.

Dreblows Berufswechsel kurz nach der Jahrhundertwende fiel genau in die Zeit, als das Schreiben und Sammeln von Ansichtskarten von Jahr zu Jahr beliebter wurde. Eine wichtige Entscheidung des Weltpostvereins kam Dreblows Plänen dabei zugute. Bis 1905 waren die Rückseiten der Ansichtskarten ausschließlich der Adresse vorbehalten, nun wurde plötzlich die Hälfte der Rückseite für Korrespondenz freigegeben. Damit waren auch die auf Postkarten-

format gebrachten Verkleinerungen von Dreblows großen Platten mit einem Mal für ausführlichere Mitteilungen geeignet. Bis dahin hatten die Photographen beim Kopieren einen etwa 1 cm breiten weißen Rand unter dem Motiv freigelassen, damit man auch auf Photokarten einen kurzen Gruß schreiben konnte.
Ein weiterer Vorteil für Dreblow war das Ende der Ära, da Schiffseigner und Kapitäne sich von Kunstmalern Bilder ihrer Schiffe malen ließen. Hatten die Auftraggeber schon vorher immer eine möglichst naturgetreue Wiedergabe gefordert, gelang nun mit der Photographie das vollkommen reale Schiffsporträt. Außerdem waren Photos weitaus billiger.
Von großer Bedeutung, indirekt auch für Dreblow, war um 1900 die Entwicklung Stettins zum Zentrum des gesamten Ostseehandels mit jährlich wachsendem Schiffsverkehr und Frachtaufkommen. Das Einzugsgebiet der pommerschen Landeshauptstadt erstreckte sich bis nach Berlin und Oberschlesien, ja sogar bis weit nach Polen hinein. So lief einst die Hälfte des gesamten deutschen Handels mit Salzheringen, einem der damals wichtigsten Volksnahrungsmittel, über Stettin. Hier zählte man 1898 allein 53 »Heringsniederlagen«, also Großhändler, die fast alle am östlichen Oderufer ihren Sitz hatten.
1913, im letzten Friedensjahr vor dem Ersten Weltkrieg, liefen von See kommend 5926 Schiffe den Stettiner Hafen an. Im gleichen Jahr wurden hier mit Seeschiffen 6250000 Tonnen Güter umgeschlagen, mit Binnenschiffen 5050000 Tonnen und mit der Eisenbahn 3600000 Tonnen. Mit diesen Frachtmengen stand Stettin vor dem Ersten Weltkrieg nach Hamburg an der zweiten Stelle aller deutschen Seehäfen.
Hinzu kam der gewaltige Aufschwung im Schiffbau auf den Stettiner Werften, der vielen tausend Menschen Arbeit und Brot gab. Namen wie Stettiner Vulcan-Werft, Nüscke & Co. und Stettiner Oderwerke hatten einen erstklassigen Ruf. Sie bekamen Aufträge für den Bau von Handels- und Kriegsschiffen aus der ganzen Welt, was auch entsprechende Aufnahmen Max Dreblows dokumentieren. Auf der Vulcan-Werft entstanden mehrere Passagierdampfer, die zu ihrer Zeit die größten der Welt waren, wie z.B. die 1905/06 gebaute KAISERIN AUGUSTE VICTORIA mit 24581 BRT oder die GEORGE WASHINGTON mit 25570 BRT, die 1908 vom Stapel lief. Noch größeren Schiffen setzte letztlich das zu flache Fahrwasser zwischen Stettin und der Ostsee Grenzen. Um aber ihren Ruf als leistungsfähigste Werft Deutschlands nicht zu verlieren, gründete die Vulcan-Werft in Hamburg einen Zweigbetrieb, der 1909 produktionsbereit war. Natürlich hatte auch die Flottenpolitik Kaiser Wilhelms II. großen Einfluß auf den Bau von Kriegsschiffen in Stettin. Noch heute werden immer wieder die Worte des Kaisers zitiert, die er bei der Einweihung des Stettiner Freihafens am 23. September 1898 aussprach: »Unsere Zukunft liegt auf dem Wasser«.
Das äußerlich sichtbarste Zeichen des Fortschritts und der Entwicklung von der Provinz- zur Großstadt war jedoch die zwischen 1901 und 1907 geschaffene Anlage der 500 m langen Hakenterrasse auf den Wällen des ehemaligen Fort Leopold und ihre anschließende Bebauung. Den Namen erhielt sie nach dem damaligen Stettiner Oberbürgermeister Haken, der übrigens vorher Bürgermeister in Kolberg gewesen war. Die Silhouette der Anlage mit ihren vier markanten Bauwerken, dem Regierungsgebäude, dem Stadtmuseum, dem Landesfinanzamt und der Landesversicherungsanstalt, wurde zum weltbekannten Wahrzeichen der Wasserfront Stettins. Von hier aus hatte der Besucher einen weiten Blick über den Hafen und die pommersche Landschaft. Die Hakenterrasse finden wir auf zahlreichen Arbeiten Max Dreblows, entweder als Hauptmotiv oder als Hintergrund, wobei die beiden erstgenannten Bauwerke als die prächtigsten am häufigsten vorkommen. Alle diese Entwicklungen zeigen, daß Dreblows Entschluß, Schiffsphotograph zu werden, die denkbar besten Voraussetzungen hatte.
Max Dreblow hatte von seiner ersten Wohnung in der Giesebrechtstraße Nr. 12 bis zum Hafen bzw. der Oder nur etwa 10 Minuten zu Fuß zu gehen, um Schiffe abzulichten. Der kürzeste Weg zum Wasser führte ihn durch die Grabower Grünanlagen, an dem bekannten Gartenlokal und Café »Parkhaus« vorbei, das er später aus den verschiedensten Blickwinkeln photographierte (vgl. S. 64).

Mit Hilfe der alten Stettiner Adreßbücher ließen sich Dreblows weitere Stationen in Stettin verfolgen. Wohnte er um 1900 noch in der Giesebrechtstraße, hatte er kurz darauf sein Lebensmittelgeschäft nebst Ausschank verkauft. Er zog nun direkt zum Hafen, um seinem neuen Arbeitsgebiet so nahe wie möglich zu sein. 1903 hatte er am Bollwerk Nr. 11 (Ecke Fischerstraße) eine Wohnung in der I. Etage. Im gleichen Haus war damals das Kontor der bekannten Schleppdampferreederei Carl Koehn. Die »Bollwerk« genannte Straße zog sich als einzeilige Häuserreihe längs des Innenhafens hin, deshalb lagen gerade und ungerade Hausnummern auf der gleichen Seite, mit der Front zum Wasser.

Offiziell wird Dreblow 1903 immer noch als Kaufmann geführt, obwohl er damals schon als Photograph tätig war, wie man an dem unten als Faksimile wiedergegebenen Firmenzettel erkennt. Er fand sich als Aufkleber auf der Rückseite der frühesten dem Verfasser bekannten Aufnahme von 1903, die ebenfalls hier abgebildet wird. Darauf bezeichnete sich Dreblow bereits in mehreren Sprachen als Schiffsphotograph und warb speziell für seine handcolorierten Schiffsaufnahmen.

Der dänische Frachtdampfer NORDVEST *1903 im Stettiner Freihafen. Photographiert und gerahmt von Max Dreblow. (Slg. Siersdorfer)*

Max Dreblow, Stettin, Bollwerk 11, an der Baumbrücke.

Specialität: Colorierte Schiffs-Photographieen

Photographische Postkarten von Schiffen,
localen Ereignissen etc.

Vergrösserungen in Bromsilber nach jedem Bilde.

Ansichtspostkarten-Verlag.
Bilderrahmen in jeder Ausführung zu billigen Preisen.
Verkauf photographischer Artikel:
Platten, Papier, Lösungen etc. in garantiert besten Qualitäten
Apparate etc. zu Fabrikpreisen.
Alle Platten werden für Nachbestellungen aufbewahrt.

Spesialitet:
Coulörte Skibsfotografier
Fotografier
af Skibsbesatninger.
Fotografiske Brevkort
af
Skibe & Skibsbesatninger.
Forstorrela
efter et hvert Billede
garentirt bedste Udförelse
Salg af alle Fotografiske
Artikler til billigste Priser.
Bilderrammer
i alle Störrelser
Pladen opbevares for
Efterbestilling.

Espècialidad en fotografias
en colores para vapores.
Grupos
de la tripulacion.
Targetas postales
de barcos y tripulantes.
Ampliaciones de retratos
de todas clases.
Marcos para toda los
fotografias.
Conservo los originales
para reproducis siampre
que se desee

Speciality:
Coloured
Photographs of Ships.
Photo postcards
of vessels & crews
REPRODUCTION
of all photographs
SALE
of all photographie
articles (plattes, paper
chemicals etc.)
All negatives keept.

Spécialité
de photographure
des
navires et de groupes.
Agrandissement
de photographie avec
encadrement.
Carte postales des
navires et de groupos.

Spesialite: Kulörta
* fartygysfotografier. *
Fotografier af fartygs-
besättningar.
Fotografiska Brefkort af
fartyg och besättningar.
Förstoring
af fotografier,
garanterat bästa ut-
förande.
Försäljning af alla sorser
fotografiska artiklar till
billigaste Pris.
Ramar i alla storlekar.
Platen bewaras för
efterbeställning.

Die Reproduktion des Firmenzettels sowie die dazugehörende Photographie wurden freundlicherweise von Professor Th. Siersdorfer, Essen, zur Verfügung gestellt. Die Aufnahme zeigt den dänischen Frachtdampfer NORDVEST, 1749 BRT, 1903 im Stettiner Freihafen liegend. Das fertige Photo wurde von Dreblow nachträglich von Hand coloriert, dann auf Karton mit schönem Jugendstilpassepartout aufgezogen und unter Glas gelegt. Auch die von ihm eigenhändig vorgenommene Rahmung entspricht ganz dem Stil der damaligen Zeit. Die Aufnahme selbst ist ein originalgroßer Kontaktabzug in der von Dreblow verwendeten Plattengröße 13 x 18 cm. In dieser Form bot er den Mannschaften der abgelichteten Schiffe seine frühen Arbeiten zum Kauf an, von denen leider nur noch sehr wenige erhalten geblieben sind.

Handelte es sich anfangs ausschließlich um Aufnahmen im Plattenformat, so kamen, wie erwähnt, ab 1905 an erster Stelle die verkleinerten, sepiagetönten Abzüge im Postkartenformat zum Verkauf. Sie wurden zu Dreblows Haupteinnahmequelle. Neben dem Direktverkauf an die Schiffsbesatzungen vertrieb er seine Karten auf Provisionsbasis in Schreibwarengeschäften und Zigarrenläden in der Nähe des Hafens. Anfang des 20. Jahrhunderts gab es unter den 38 Hausnummern des Bollwerks allein vier Zigarrenläden!

1909 lautete Dreblows Adresse Bollwerk 2, III. Etage. Im Stettiner Branchenverzeichnis von 1909 ist er immer noch nicht als Photograph, sondern als Kaufmann mit einer Handlung photographischer Bedarfsartikel verzeichnet. Der Grund dürfte sein, daß er als Berufsfremder nicht so ohne weiteres in die Stettiner Photographeninnung aufgenommen wurde, die eine Zwangsinnung war. Erst einige Jahre später erscheint im amtlichen Adreßbuch außer seinem Namen die links in Faksimile wiedergegebene Firmenanzeige. Außerdem ist er jetzt im Branchenverzeichnis unter den Photographen als einziger Schiffsphotograph in Stettin eingetragen.

Max Dreblow
Photogr. Artikel. Zeitschriften-
Jllustration, Spez. Photographie für
Schiffahrt, Industrie und Handel
Bollwerk 2 — Tel. 569.

Es ist relativ leicht nachvollziehbar, warum Dreblow vom Bollwerk Nr. 11 nur wenige Häuser weiter zum Bollwerk Nr. 2 verzogen ist. Zwar galt das gesamte Bollwerk als Stettins beste maritime Lage, doch wurde Dreblows Blick vom Haus Nr. 11 auf den inneren Hafen in Richtung Süden durch die Hansabrücke, nach Nor-

den durch die Baumbrücke begrenzt. Dagegen lag das Haus Nr. 2 unterhalb der Baumbrücke. Außerdem machte das Bollwerk gerade hier eine leichte Biegung nach Westen und öffnete deshalb einen besonders weiten Blick auf die Oder. Im Haus Nr. 2, dem späteren »Haus Schifffahrt«, war Dreblow noch näher am eigentlichen Mittelpunkt des Innenhafens. Aus den Fenstern seiner Wohnung in der III. Etage hatte er eine phantastische Aussicht: direkt vor sich die Anlegestelle der Bäderdampfer und dahinter, vor der Hakenterrasse, das eigentliche Dampfschiffsbollwerk bis hin zur Nüscke-Werft. Blickte er etwas nach rechts, sah er auf den Bleichholm und den Dunzigstrom. Wahrscheinlich hatte kein anderer deutscher Schiffsphotograph seiner Zeit so eine ideale Wohnung. Sie bot Dreblow täglich immer neue Motive, ohne daß er den Fuß vor die Tür setzen mußte. Daß er oft zur Kamera griff, zeigen die vielen Hafenszenen, die alle die gleiche Perspektive von oben nach unten aufweisen, immer mit demselben Vordergrund. Auf diese Art arbeitete Dreblow ganz in der Tradition seiner großen Vorgänger wie z.B. des Miterfinders der Photographie, des Engländers William Henry Fox Talbot, der sehr viele Aufnahmen aus dem offenen Fenster seines Landhauses gemacht hatte. Damit sich auch der nicht mit den Örtlichkeiten vertraute Leser orientieren kann, ist auf dem Kartenausschnitt des Stettiner Hafens (S. 16) Dreblows Wohnung links unterhalb der Baumbrücke mit der Nummer 1 gekennzeichnet.
Es mag erstaunen, daß Max Dreblow zwar in exklusiver Lage am Hafen wohnte, dort aber kein eigenes Ladengeschäft besaß, obwohl sich entlang des gesamten Bollwerks ein Ladenlokal an das andere reihte. Da gab es, um nur einige zu nennen, verschiedene Lebensmittelgeschäfte und Friseure, mehrere Schiffsausrüsterfirmen, eine Obsthalle, Makler, Kohlenhandlungen und Fachgeschäfte für nautischen Bedarf; die vier Zigarrengeschäfte wurden bereits erwähnt. Wie in jeder Hafenstadt gab es am Bollwerk auch zahlreiche Kneipen. Berühmt für seine erstklassige Küche war das Hotel Timm am Bollwerk, Ecke Baumstraße. Der Grund, warum Max Dreblow hier keinen Laden hatte, ist sicherlich der, daß der Verdienst als Schiffsphotograph einfach nicht ausreichte, um beides, Wohnung und Laden, in der besten Lage am Hafen zu finanzieren. Die Gewinnspanne beim Verkauf seiner Bilder war nur gering und das benötigte Material zum Photographieren im Vergleich zu heute bedeutend teurer.
Wenn Dreblow auch darauf angewiesen war, vorrangig Schiffe zu photographieren, bei deren Besatzungen oder Passagieren er sich einen größeren Absatz für seine Aufnahmen erhoffte, so hatte er doch eine besondere Vorliebe für die allmählich aussterbenden kleinen Frachtsegler. Soweit er sie vor seine Kamera bekam, lichtete er sie in ihrer ganzen Typenvielfalt ab und hielt sie, bewußt oder unbewußt, für die Nachwelt fest. Die kleinen Besatzungen von je drei bis vier Mann z.B. auf den Galeassen, Tjalken oder Gaffelschonern war mit Sicherheit keine lohnende Käuferschicht für seine Bilder. Um so dankbarer können wir heute dafür sein, daß Dreblow trotz der geringen Verdienstaussichten diese kleinen Segler photographierte. Vermutlich machte er jeweils nur wenige Abzüge von den Negativen, denn solche Aufnahmen sind seltener als andere Schiffsbilder des Meisters.
Schiffe unter vollen Segeln oder Dampfer mit qualmenden Schornsteinen und weißer Bugsee geben seinen Bildern eine so starke Wirkung, daß sie noch heute tief beeindrucken können. Gelegenheiten, Schiffe in voller Fahrt zu photographieren, boten sich Dreblow überall auf dem 65 km langen Revier zwischen Stettin und der Ostsee. Sein bevorzugter Standort war jedoch der Kopf der Swinemünder Ostmole, obwohl es nicht leicht war, mit einer schweren Photoausrüstung, zu der immer ein großer Vorrat von Glasplatten gehörte, dorthin zu kommen. Zum einen hatte Dreblow die Möglichkeit, nach der Dampferfahrt von Stettin nach Swinemünde mit der Fähre nach Ostswine überzusetzen. Von dort mußte er am Leuchtturm vorbei noch ungefähr 2 km bis zum Molenkopf gehen. Zum anderen konnte er sich auch von der Dampferanlegestelle im Swinemünder Innenhafen mit einem Boot zur Molenspitze bringen lassen, was aber entschieden teurer war. Einige bei stürmischer See entstandene Aufnahmen zeigen, daß er sich auch vor den Spritzern nicht scheute, die über die Mole schlugen.

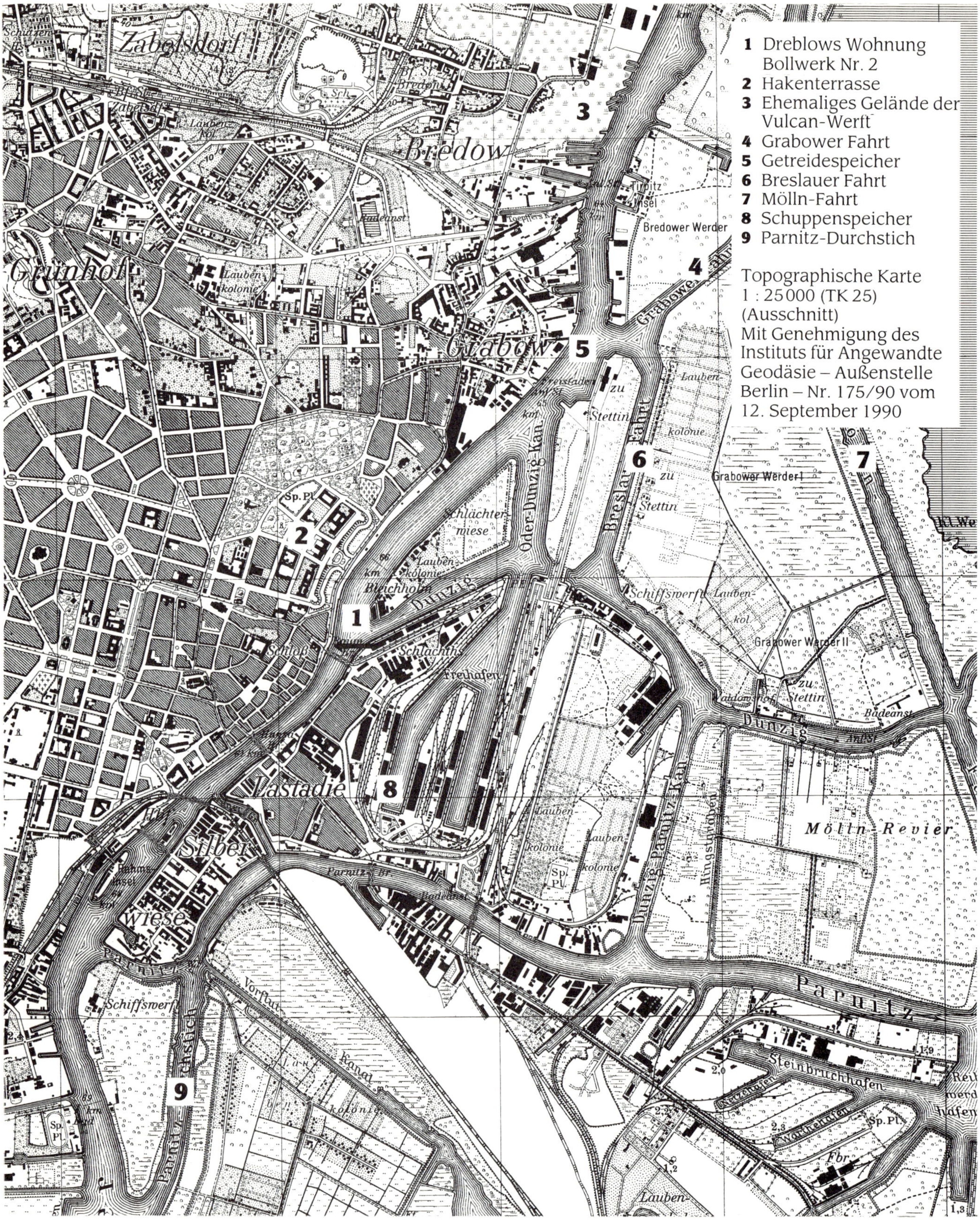
1 Dreblows Wohnung
Bollwerk Nr. 2
2 Hakenterrasse
3 Ehemaliges Gelände der Vulcan-Werft
4 Grabower Fahrt
5 Getreidespeicher
6 Breslauer Fahrt
7 Mölln-Fahrt
8 Schuppenspeicher
9 Parnitz-Durchstich
Topographische Karte
1 : 25000 (TK 25)
(Ausschnitt)
Mit Genehmigung des Instituts für Angewandte Geodäsie – Außenstelle Berlin – Nr. 175/90 vom 12. September 1990
Zabelsdorf
Bredow
Grünhof
Grabow
Bredower Werder
Grabower Werder I
Grabower Werder II
Schlächterwiese
Oder-Dunzig-Kan.
Dunzig
Lastadie
Silberwiese
Mölln-Revier
Parnitz
Steinbruchhafen
Dunzig-Parnitz-Kan.

Da die ca. 1500 m lange Ostmole etwa 300 m weiter in die See reicht als die kürzere Westmole, vermitteln vom Ostmolenkopf aus gemachte Photos den Eindruck, als wären sie auf offener See entstanden. Deshalb war dieser Platz geradezu ideal, um Schiffe zu photographieren. Dreblow nutzte diese Möglichkeit für eine Spezialofferte: »Aufnahmen von Schiffen auf See in vollster Fahrt«. Auf einigen dieser Bilder erkennt man im Hintergrund die Küste der Insel Usedom, was die genaue topographische Zuordnung ermöglicht.

Hatte Dreblow in Swinemünde genug photographiert, fuhr er mit dem letzten Dampfer nach Stettin zurück. So rasch wie möglich wurden von den Glasplatten Papierabzüge bzw. Photokarten angefertigt und am nächsten Tag den Besatzungen der abgelichteten Schiffe zum Kauf angeboten. Deshalb waren für Dreblow einlaufende Schiffe stets wichtiger als in See gehende, die erst nach Wochen oder Monaten wieder Stettin anliefen.

Viele seiner Schiffsaufnahmen versah er schon auf den Platten mit kurzen handschriftlichen Texten. Auf den Photos deutscher Schiffe hieß es »GRUSS VOM ...«, bei dänischen Schiffen »HILSEN FRA ...« oder auf schwedisch »HELSNING FRÅN ...«, immer in Versalien geschrieben. Bei deutlich erkennbaren Schiffsnamen verzichtete er allerdings oft auf eine zusätzliche Beschriftung.

Doch hat Dreblow auch Menschen photographiert. Zwar ließ sich bis jetzt noch keine reine Porträtaufnahme aus seinem Atelier nachweisen, doch gibt es mehrere Aufnahmen, auf denen er aus kurzer Entfernung Personen abgelichtet hat. Eine kleine Auswahl ist im Bildteil zu finden; genannt seien ferner Aufnahmen von russischen Kriegsgefangenen aus dem Ersten Weltkrieg, von einem Popen, der einen Feldgottesdienst für russische Gefangene abhält oder von der Ankunft des italienischen Königs in Swinemünde im Jahre 1913. Mit Sicherheit kann man davon ausgehen, daß Dreblow auch Mannschaften an Bord ihrer Schiffe photographiert hat, wenn sich dafür auch noch kein Beleg gefunden hat.

Zu Dreblows Zeit arbeiteten in Deutschland zahlreiche andere Schiffsphotographen. Vor allem Besatzungsangehörige der photographierten Schiffe, die sich ja nie ein Gemälde hätten leisten können, waren dankbare Abnehmer für die verhältnismäßig preiswerten Photos. Heute sind die häufig sehr qualitätvollen Aufnahmen der frühen Lichtbildner gesuchte Schätze in privaten und öffentlichen Sammlungen. Stellvertretend für alle diese Photographen, deren Würdigung nicht Aufgabe der vorliegenden Monographie sein kann, seien nur die bekanntesten genannt: Sander (Bremen/Bremerhaven), Koppmann, Strumper (beide Hamburg), Renard, Urbahns (beide Kiel; bereits 1845 hatte Arthur Renard die älteste und heute noch existierende Schiffsphotographenfirma gegründet), Eschenburg (Warnemünde).

In Stettin war nach 1900 die Schiffsphotographie fest in den Händen von Max Dreblow. Einige wenige Hafenbilder von dort stammen von Paul Friese, F. Schattke und Karl Visbeck. Später kam Ernst Klett hinzu, über den noch zu berichten ist. In Swinemünde machten vorwiegend Franz Cossel und Adolf Menzendorf Schiffsphotos. Doch keiner von diesen erreichte die Qualität der Aufnahmen Max Dreblows. Es war – von heute aus gesehen – ein Glücksfall, daß die besondere Begabung Dreblows zeitlich zusammenfiel mit einer entscheidenden technischen Fortentwicklung der Photographie gegen Ende des 19. Jahrhunderts. Denn die Entwicklung der Trockenplatten, die nicht mehr – wie die alten Kollodiumplatten – sofort an Ort und Stelle entwickelt werden mußten, machte die Arbeit der Photographen außerhalb des Ateliers wesentlich einfacher.

Dreblows photographische Technik

Mit den in großen Stückzahlen fabrikmäßig produzierten Trockenplatten nahm die Photographie etwa ab 1880 einen gewaltigen Aufschwung. Dazu trug nicht zuletzt ein neues, selbsttönendes Auskopierpapier bei, das nur solange dem Licht ausgesetzt werden mußte, bis der gewünschte Farbton erreicht war. Zusätzliches Tönen im Fixierbad durch das Hinzufügen bestimmter Chemikalien, z.B. Goldsalz, war möglich, um eine bestimmte Färbung der Papierbilder zu erzielen. Da die Platten jetzt nachträglich im Atelier entwickelt werden konnten, waren die Photographen beweglicher geworden. Sie wurden, abgesehen von Kamera und Stativ, nur durch das Mitführen der schweren Glasplatten behindert. Alle diese Verbesserungen führten beim breiten Publikum zu einem starken Interesse an dem neuen Medium, und immer mehr Laien begannen ebenfalls zu photographieren. So sollen es auch die Laien gewesen sein, die frischen Wind in die zuletzt zur reinen Atelierkunst erstarrte Photographie brachten, indem sie – im Gegensatz zu den Berufsphotographen, die sich hauptsächlich auf Porträts beschränkten und deren »Kunst« im nachträglichen Retuschieren bestand – in die freie Natur gingen. Nachträgliche Veränderung der Negative lehnten sie ab.

Zu diesen begeisterten Laien gehörte auch Max Dreblow, der für seine neue Tätigkeit eine angeborene Begabung mitbrachte. Auch er verzichtete von Anfang an auf Retuschen, weshalb seine Photographien für Historiker und Schiffsliebhaber gleichermaßen wertvoll sind. Als einziges Zugeständnis fügte er manchmal auf die gleiche Art, wie er seine weißen handschriftlichen Texte auf die Platten schrieb, bei trübem Himmel einige Möwen hinzu. Die mit schwarzer Retuschierfarbe aufgemalten Möwen erschienen dann auf den Papierabzügen weiß und belebten den dunklen Hintergrund. Bei Aufnahmen, die an Tagen mit klarem Himmel und Sonnenschein entstanden, war das nicht möglich, da die alten Photoschichten blauempfindlich waren und einen blauen Himmel weiß wiedergaben.

Die erwähnten weißen Texte finden wir auf zahlreichen seiner Photos. Dreblows so markante Schrift, immer Versalien und ein wenig an griechische Buchstaben oder Runen erinnernd, ist neben dem typischen Braunton oft der einzige Anhaltspunkt für seine Urheberschaft. Er beschrieb die Glasplatten nicht spiegelverkehrt auf der Bildseite, wie es einige Photographen taten, sondern normal mit schwarzer Retuschierfarbe auf der unbeschichteten Rückseite. Dadurch kam auf den Papierbildern die Schrift weiß zum Vorschein. Da Retuschierfarbe wasserlöslich ist und sich abwaschen läßt, ist auch das Rätsel gelöst, warum die ersten Abzüge von einer bestimmten Platte Texte tragen, die auf nachweislich später gemachten Kopien fehlen, und es erklärt auch, warum sonst völlig gleiche Bilder unterschiedlich beschriftet sind.

Während die meisten Photographen um die Jahrhundertwende mit sehr großen Kameras und dementsprechenden Platten arbeiteten, z.B. 18 x 24 cm oder noch größer, entschied sich Max Dreblow von Anfang an für das Format 13 x 18 cm und behielt es bis zum Schluß bei. Eine solche Kamera erwies sich als vollkommen ausreichend und machte ihn auf seinen Exkursionen innerhalb des Stettiner Hafengeländes und an die Ostsee beweglicher. Zu Beginn seiner Tätigkeit als Photograph waren nachträglich von Hand colorierte Schiffsphotos in Plattengröße sein Hauptgeschäft. Später fertigte er Colorierungen nur noch auf Wunsch an und spezialisierte sich darauf, seine Kontaktabzüge und ab 1905 die Ansichtskarten in der für ihn eigenen, unnachahmlichen Weise braun zu tönen, so daß dies gewissermaßen zu seinem Markenzeichen wurde.

Leicht violettfarbene Bilder waren um 1900 bei Photographen und Käufern beliebt. Letztere bevorzugten sie wegen des schönen Aussehens, bei den Photographen waren es praktische Gründe: Violette Photos schieden nach dem Entwickeln und Fixieren bei genügend langem Wässern kein Silber mehr aus, veränderten sich also nicht. Außerdem ermöglichten sie durch den Zusatz verschiedener Chemikalien viele Abstufungen und warme Farbtöne, an die kein schwarzweißes Photo heranreichte.

Dreblow verwendete für seine Photoabzüge hauptsächlich Bromsilber- und auch das noch empfindlichere Chlorbromsilber-Papier, Gaslichtpapier genannt. Diesen Namen behielt man selbst dann noch bei, als Gaslicht schon lange nicht mehr die einzige Lichtquelle war, die zum Kopieren benutzt wurde. Die alten Photopapiere aus der Zeit vor 1914 erkennt man an dem sogenannten »Runzelkorn« der Bildoberfläche. Ursache dieser runzeligen Oberfläche war die Gelatineschicht, die beim Fixieren und Wässern aufquoll und beim Trocknen wieder schrumpfte. Wenn das Entwickeln damals auch schon nach allgemeingültigen Regeln erfolgte, arbeiteten viele der alten Photographen doch noch mit streng geheim gehaltenen Lösungen und Rezepturen, um bei den Papierabzügen ganz bestimmte Effekte zu erzielen. Das traf auch für Max Dreblow zu, der zwar Gaslichtpapier verwendete, letztlich im Fixierbad aber eine bestimmte Chemikalie zugab, um den von ihm gewünschten Sepiaton zu erhalten. Das bewiesen Reste von ungelösten Rückständen, die auf der Bildseite einer Karte eingetrocknet waren. Sie erinnerten an Kaliumrhodanit.

Es war schon früh möglich, jede nur gewünschte Bildfärbung von grün, blau, rot, braun bis schwarz durch unterschiedliche Zusätze und mit entsprechend großem Aufwand zu erzielen. Allein für die verschiedenen Brauntöne gab es so viele Möglichkeiten, daß sie hier nur angedeutet werden können, z.B. das einfache Schwefelbad oder eine andere Schwefeltönung mit Thiosulfat und die Verwendung von Alaun und Eisenvitriol. Rotbraune Farben kamen durch rotes Blutlaugensalz und oxalsaures Kalium zustande, violette durch Zugabe von Kupfersulfat. Meergrüne oder blaue Bilder erhielt man durch andere Chemikalien. Sie interessieren hier jedoch nicht, denn Max Dreblow blieb seinem einmal eingeschlagenen Weg treu und lehnte alle Experimente ab. Wie viele andere Berufsphotographen seiner Zeit, behielt er seine einmal begonnene Arbeitsweise bis an sein Lebensende bei.

Seiner technisch konservativen Haltung haben wir es zu verdanken, daß er uns ein so einheitliches, geschlossenes Werk hinterlassen hat. Die besondere, sepiabraune Farbe seiner Photos, manchmal mit einem leichten Stich ins Violette, gibt den Bildern ihren für uns heute nostalgischen Charme und ist untrennbar mit Dreblows Namen verbunden. Bei den Anfang des 20. Jahrhunderts noch erforderlichen langen Belichtungszeiten waren viel Können, Erfahrung und Fingerspitzengefühl nötig, um trotz möglicher Bewegung den Vordergrund genauso scharf auf einer Platte festzuhalten wie einen weit entfernten Hintergrund. Der Bildteil dieses Werkes belegt, daß es Dreblow gelang, über viele Jahre hinweg eine gleichbleibend hohe Bildqualität beizubehalten.

Von den großen Negativen, den Glasplatten, stellte Dreblow durch Verkleinerung auf die damals gängige Größe von 9 x 14 cm im Handverfahren jede Ansichtskarte einzeln her. Dafür gab es relativ billige Kopierapparate, anfangs für Gas- oder Petroleumlicht, später auch für Elektrizität. Durch die Verkleinerung von den Negativen – im Gegensatz zur heute üblichen Vergrößerung – erzielte Dreblow für die damalige Zeit phantastisch scharfe Photographien. Sie lassen, notfalls unter Zuhilfenahme einer Lupe, jedes noch so kleine Detail erkennen, was

gerade für die Identifizierung von Schiffsnamen wichtig sein kann. Obwohl bald leichtere und kleinerformatige Photoapparate auf den Markt kamen, arbeitete Dreblow bis zu seinem Tode mit seiner großen Kamera weiter. Den größeren Aufwand nahm er wegen der besseren Ergebnisse in Kauf, und der Erfolg gab ihm recht.
Im Laufe der Jahre fanden sich allerdings auch einige unscharfe, wie verwackelt wirkende Arbeiten Dreblows an. Da die gleichen Motive aber auch tadellos scharf vorkommen, kann es sich um keinen Aufnahmefehler handeln, sondern vermutlich sind Dreblows Helfern beim Kopieren einzelne Abzüge mißlungen. Ob sie aus Sparsamkeit mitverkauft oder nur übersehen wurden, ist nicht zu entscheiden.
Ein anderer, bislang nicht erwähnter Komplex, der Dreblows Vielseitigkeit zeigt, sind Photographien von maritimen Gemälden aus den Stettiner Museen, angefertigt vielleicht nur für einen kleinen Kreis von Liebhabern. Diese braunen Gemäldereproduktionen sind, bedingt durch das vorgegebene Motiv, natürlich nicht mit seinen Aufnahmen aus der Wirklichkeit zu vergleichen.
Immer wieder zeigte es sich bei meiner Arbeit über Dreblow, daß neue Kartenfunde zu völlig überraschenden Erkenntnissen führen können. Das gilt besonders für drei kurz vor Abschluß dieser Arbeit entdeckte schwarzweiße Photokarten. Es handelte sich dabei nicht um die später von Dreblows Nachfolger Ernst Klett hergestellten Schwarzweißabzüge von den alten Platten seines Vorgängers, sondern eindeutig um Originale des Meisters. Eine der Karten ließ sich an dem Motiv, einem 1913 vor Swinemünde gestrandeten russischen Schoner, und der postalischen Stempelung von 1914 datieren. Die beiden anderen stammen aus den Mangeljahren kurz nach dem Ersten Weltkrieg; vielleicht konnte Dreblow die erforderlichen Chemikalien nicht besorgen, oder sie waren zu teuer.
In der neueren maritimen Literatur findet man vereinzelt Aufnahmen von Max Dreblow, und im Begleittext wird er knapp »ein hervorragender Schiffsphotograph« genannt. In der großen, mehrere Hunderttausend Ansichtskarten umfassenden Sammlung des Altonaer Museums in Hamburg ist im Stichwortverzeichnis der Photographen der Name Max Dreblow nicht verzeichnet; gleiches gilt auch für eine der größten Photosammlungen Deutschlands im Hamburger Museum für Kunst und Gewerbe. Ich hoffe, daß die vorliegende Arbeit diesem bedeutenden Photographen die gebührende Aufmerksamkeit bringen wird. Seine Person bleibt dennoch im Hintergrund: Trotz aller Bemühungen gelang es nicht, ein Porträt Max Dreblows zu finden.

Die Jahre bis 1925

Die wenigsten von Dreblows erhaltenen Photo-Karten wurden für Korrespondenzzwecke benutzt; größtenteils hat man sie zur Erinnerung aufbewahrt. So beträgt der Anteil der postalisch gelaufenen Karten in meiner Sammlung nur etwa 20%. Schon immer gab es Liebhaber, die schöne Schiffsbilder sammelten. Auch hatten die Mannschaften früher ganz allgemein eine viel engere Beziehung zu den Schiffen, auf denen sie fuhren, als es heute in unserer schnelllebigen Zeit der Fall ist. Wenn Besatzungsmitglieder damals Karten mit Dreblows Schiffsaufnahmen an Angehörige oder Freunde schrieben, bezogen sie in den Text häufig »ihr Schiff« mit ein und erwähnten oft auch aktuelle Ereignisse aus der Seefahrt.

Eine Aufnahme des dänischen Frachtdampfers EDISON, der 1910 wegen Maschinenhavarie oderaufwärts geschleppt wurde, läßt Dreblows schnelle Arbeitsweise erkennen. Er muß die fertige Ansichtskarte bereits am Tag nach der Ankunft des Schiffes in Stettin der Mannschaft zum Kauf angeboten haben, denn auf der Rückseite der Karte schrieb ein dänischer Seemann an seine deutsche Freundin in Swinemünde: »Hier sende ich Dir ein Bild unseres Dampfers. Wir sind jetzt in Stettin und reparieren. Hier bleiben wir zwei Tage.«

Der spätere Kapitän des Dampfers SASSNITZ, Hans Trost, der als junger Seemann bei der Stettiner Reederei Köppen fuhr, schrieb kurz vor dem Ersten Weltkrieg (der Poststempel ist unleserlich) an seine Eltern. Dafür benutzte er eine Karte mit der Ansicht des Dampfers ELWINE KÖPPEN, auf dem er vorher gefahren hatte, und meint unter anderem: »Das neue Schiff gefällt uns vorläufig ganz gut, aber das Essen ist nicht so gut wie auf der ELWINE [KÖPPEN]«. Bei dem »neuen Schiff« kann es sich nur um die 1913 in Dienst gestellte ELSA KÖPPEN (2) gehandelt haben.

Am Dienstag, dem 29. April 1913 – das Datum ist wichtig, um Dreblows Aktualität zu zeigen –, schrieb ein Stettiner auf einer Karte mit Abbildung mehrerer deutscher Torpedoboote am Dampfschiffsbollwerk an seinen Freund in Berlin: »Schicke Dir hiermit eine Aufnahme von den Torpedobooten, die bis Montag (den 28. 4.) am Bollwerk lagen. Du siehst also, daß Du in Stettin mehr zu sehen bekommst als in Berlin.«

Ein »Jungmann«, eine Funktion zwischen Schiffsjunge und Matrose, schrieb am 8. März 1917 aus Stettin ebenfalls an einen Berliner Freund eine Karte von Bord und mit Ansicht des Gribel-Dampfers RENATA: »Nach vielen Schwierigkeiten bin ich glücklich angemustert. Es geht mir noch sehr gut, da keine Arbeit da ist. Wir werden wohl noch drei Wochen stilliegen, da keine Kohlen heran kommen.«

Von Stettin aus schickte im August 1917 ein Besatzungsmitglied des Hamburger Frachtdampfers HORNSEE eine Karte mit der Ansicht des Schiffes an seine Eltern in Bargteheide. Im Text heißt es unter anderem: »Endlich habe ich ein Bild von unserem Brotsupp-Kasten, alias ›Schlachtschiff HORNSEE‹ kriegen können. Brief folgt aus Schweden«. Die ungewöhnliche Bezeichnung »Brotsupp-Kasten« für einen Dampfer weist auf die schlechte Ernährungslage gegen Ende des Ersten Weltkriegs hin, als es häufig Brotsuppe zu essen gab. Dem Hinweis auf den angekündigten Brief aus Schweden und Dreblows Aufnahme, die das Schiff in der Kaiserfahrt zwischen dem Stettiner Haff und Swinemünde zeigt, läßt sich weiter entnehmen, daß der Dampfer HORNSEE in der Erzfahrt von Schweden nach Stettin beschäftigt war.

Auf diese Art ergeben sich aus solchen Zusammenhängen von Bild und Text zum einen interessante zeitgeschichtliche Aspekte, zum anderen Anhaltspunkte für die zeitliche Bestimmung einer Photographie. Poststempel allein sind wenig hilfreich, da manche Karten erst mehrere Jahre nach Entstehung der Aufnahme für Mitteilungen benutzt und auf den Postweg gebracht wurden. In einigen Fällen geschah das erst lange nach Dreblows Tod.

Als gelernter Kaufmann hatte Dreblow durchaus Sinn für die geschäftliche Seite. So verkaufte er häufig die Bildrechte an seinen Aufnahmen, die er selber als Photokarten vertrieb, an große Ansichtskarten-Verlage weiter, vielleicht mit zeitlich größerem Abstand vom Entstehungsdatum. Die bekanntesten dieser Verlage in Stettin waren Arthur Schuster und Siegmund Weil. Sie ließen dann nach Dreblows Photographien Massenauflagen von colorierten Karten oder im Licht-, später im Offsetdruck produzierte Karten herstellen. Wie üblich, wird darauf der Name des Photographen nicht genannt, sondern nur der des Verlags. Gerade unter den Ansichtskarten der Firma Arthur Schuster wird der Kenner zahlreiche Motive wiederfinden, die von Dreblow aufgenommen worden sind.

Zusätzlich zu seinen eigenen, im Handabzugsverfahren angefertigten Photokarten ließ Dreblow aber auch selbst nach seinen Photos größere Auflagen von schwarzweißen oder braunen Karten drucken. Dabei war er selber als Verleger tätig, entweder in Eigeninitiative für den Verkauf auf den Bäderdampfern oder im Auftrag einer Reederei, die dann gleich einen kurzen Werbetext auf die Bildseite mit aufdrukken ließ. In anderen Fällen enthalten solche Texte technische Angaben über das betreffende Schiff oder weisen auf die Bordgastronomie hin. Im Gegensatz zum urheberrechtlichen Vermerk auf den Photokarten steht auf der Rückseite der gedruckten nur »Verlag Max Dreblow, Stettin«. Von der Qualität und vom Aussehen her besteht zwischen beiden Arten ein großer Unterschied. Den gedruckten Karten fehlt nicht nur die Schärfe, sondern auch die besondere Farbabstufung, die damals noch keine Drucktechnik wiederzugeben vermochte. Ein Beispiel für eine nach Dreblows Photovorlage gedruckte Karte ist die Ansicht des Dampfers STUBBENKAMMER auf S. 115.

Zusätzliche Einnahmen erzielte Dreblow mit Photos zur Illustration von Büchern und Zeitschriften. Außerdem war er nebenher als Pressephotograph und Lokalreporter für die »Ostsee-Zeitung« in Stettin tätig. Sein Hauptverdienst kam jedoch aus dem sommerlichen Saisongeschäft, dem Verkauf seiner Karten an die vielen Ausflügler, die von Stettin aus mit den Bäderdampfern an die Ostsee fuhren, z.B. nach Swinemünde, Rügen oder Skandinavien. Beim Verkauf auf den Schiffen waren die Karten mit dem bekannten runden Bordstempel »Auf hoher See«, dem Schiffsnamen und dem Tagesdatum beliebte Reiseerinnerungen. Deshalb gehören solche Aufnahmen neben Stettiner Hafenbildern zu den häufigsten unter Dreblows erhaltenen.

Wichtig für ihn waren wegen ihrer hohen Besatzungszahlen auch die großen Kriegsschiffe, sei es, daß sie Stettin besuchten oder daß sie sich bis 1914 alljährlich vor Swinemünde zu großen Flottenparaden versammelten. Die Paraden lockten immer Zehntausende von Zuschauern an, und Scharen von Matrosen gingen an Land. Sie alle kamen für Dreblow als potentielle Käufer seiner Karten infrage.

Für eine Photopostkarte verlangte Dreblow vor 1914 – wie rückseitige Notizen der ersten Kartenkäufer belegen – 30 Pfennige. Das war für die damalige Zeit teuer und entsprach etwa dem dreifachen Preis einer guten gedruckten Ansichtskarte. Einfachere Karten waren noch billiger zu haben. Nach dem Ende der Inflation im November 1923 und nach Einführung der stabilen Rentenmark kosteten die Karten Dreblows im Sommer 1924 bereits 50 Pfennige, ein Zeichen dafür, daß seine Erzeugnisse stets als etwas Besonderes galten.

Allerdings verringerte sich Dreblows Verdienstspanne beim Vertrieb der Karten auf Provisionsbasis über andere Geschäfte. Vielleicht war auch einmal ein eigenes Ladenlokal am Bollwerk geplant, kam aber infolge des Ersten Weltkriegs nicht mehr zustande. Dreblow behalf sich deshalb auf andere Weise. Nur wenige Schritte von seiner Wohnung Bollwerk Nr. 2 gab es zwischen der Hausnummer Bollwerk Nr. 1 (dem berühmten Terrassenhotel) und dem Haus Nr. 1a seit Jahren eine große Baulücke. Am Giebel des Hauses Nr. 1a, an der linken Seite der Lücke, besaß Dreblow eine kleine Holzbude als Verkaufskiosk. Hier bot er in den Sommermonaten den vielen Ausflüglern seine Photopostkarten und größeren Bilder an. Hinter Glas hingen jeweils die aktuellsten und gängigsten Aufnahmen. Auf der anderen Seite der Baulücke, am Giebel des Terrassenhotels, gab es eine ähnliche Verkaufsbude für andere Dinge. Wie diese Baulücke mit den beiden Kiosken links und rechts um 1914 aussah, zeigt die Ausschnittvergrößerung einer Ansichtskarte der Firma Trinks, Leipzig.

In den frühen 20er Jahren wurden beide Buden abgebrochen, da sie baufällig und keine Zierde für das Bollwerk waren. Dafür entstand in der Mitte der Baulücke ein größerer, freistehender, ebenfalls aus Holz gebauter Pavillon. Ob Dreblow auch diesen bis zu seinem Tod 1927 zum Verkauf seiner Photographien benutzte, ließ sich nicht mit Sicherheit ermitteln. Alle Befragten erinnerten sich nur an Schaukästen mit Schiffsphotos hinter Glas. Ab 1932 diente der Pavillon der Maris-Reederei, die als Auffanggesellschaft für die Schlepper und Passagierschiffe der Reederei E.R. Retzlaff nach deren Zusammenbruch gegründet wurde, als Kontor.

Der Beginn des Ersten Weltkrieges im August 1914 war für Dreblows Geschäft, das sich so gut entwickelte, ein schwerer Rückschlag. Zwar mußte er selber nicht Soldat werden, aber vom Sommer 1915 an fehlten die Ausflügler und Badegäste, die Hauptabnehmer seiner Photos. Außerdem ging der Schiffsverkehr in Stettin ganz allgemein stark zurück, und viele Bäderdampfer wurden von der Kaiserlichen Marine beschlagnahmt. Vorbei war es auch mit den großen Flottenparaden vor Swinemünde. Mit jedem weiteren Kriegsjahr verschlechterte sich die wirtschaftliche Situation. Selbst nach dem Kriegsende 1918 wurde es kaum besser, denn die nun einsetzende Inflation hatte verheerende Folgen für die breite Masse der Bevölkerung in Deutschland. Nur wenige konnten sich noch einen Urlaub an der Ostsee leisten. Besser sah es hingegen für alle Ausländer aus. Der günstige

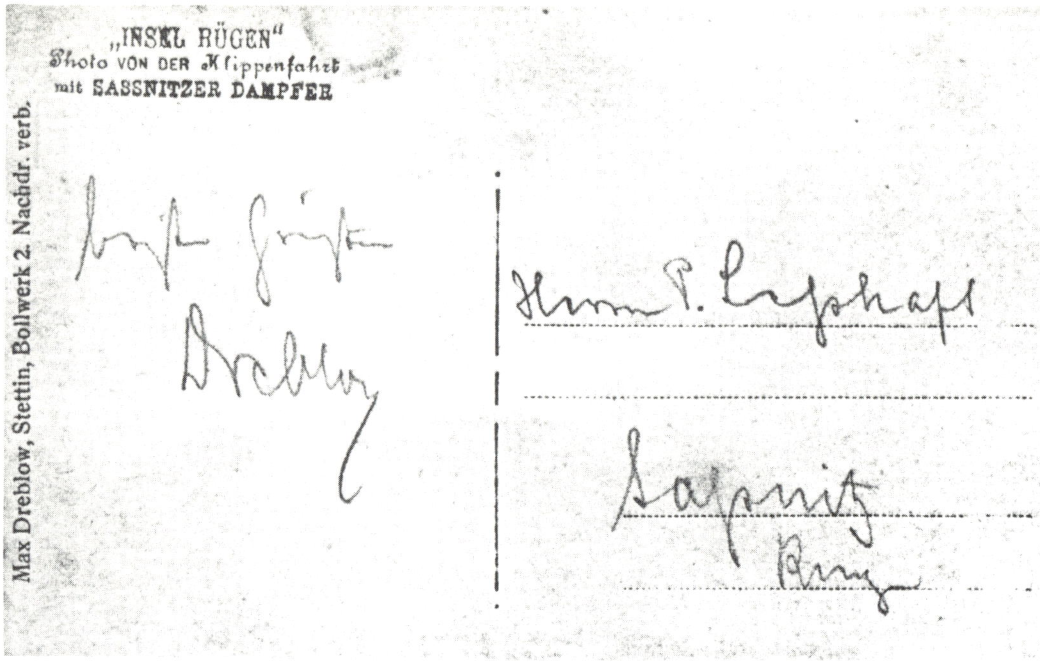

Umtauschkurs ihrer eigenen harten Währung ermöglichte ihnen billige Ferien an der Ostsee. Deshalb finden wir gerade aus den Jahren 1920 bis 1923 zahlreiche Ansichtskarten, die Angehörige der verschiedensten Nationen in ihre Heimat geschickt haben.

Auch fanden sich einige Photokarten Dreblows, die er persönlich geschrieben und verschickt hat. Sie sind alle an Paul Lesshaft in Saßnitz adressiert; zwei davon sind hier als Faksimiles wiedergegeben. Paul Lesshaft war Prokurist und Geschäftsführer der Saßnitzer Dampf-

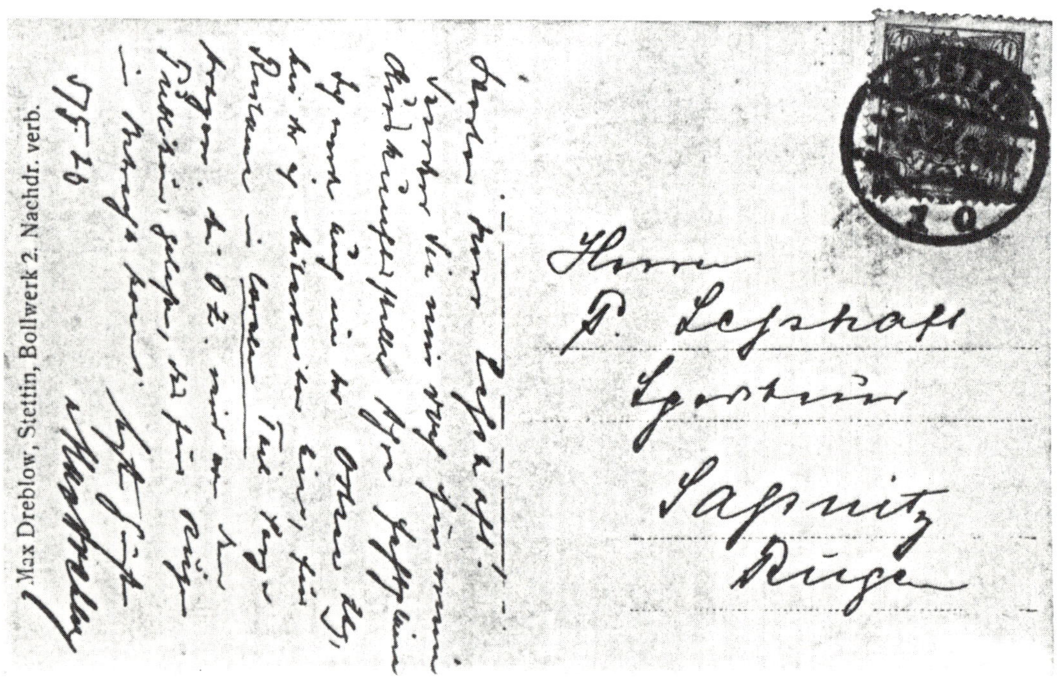

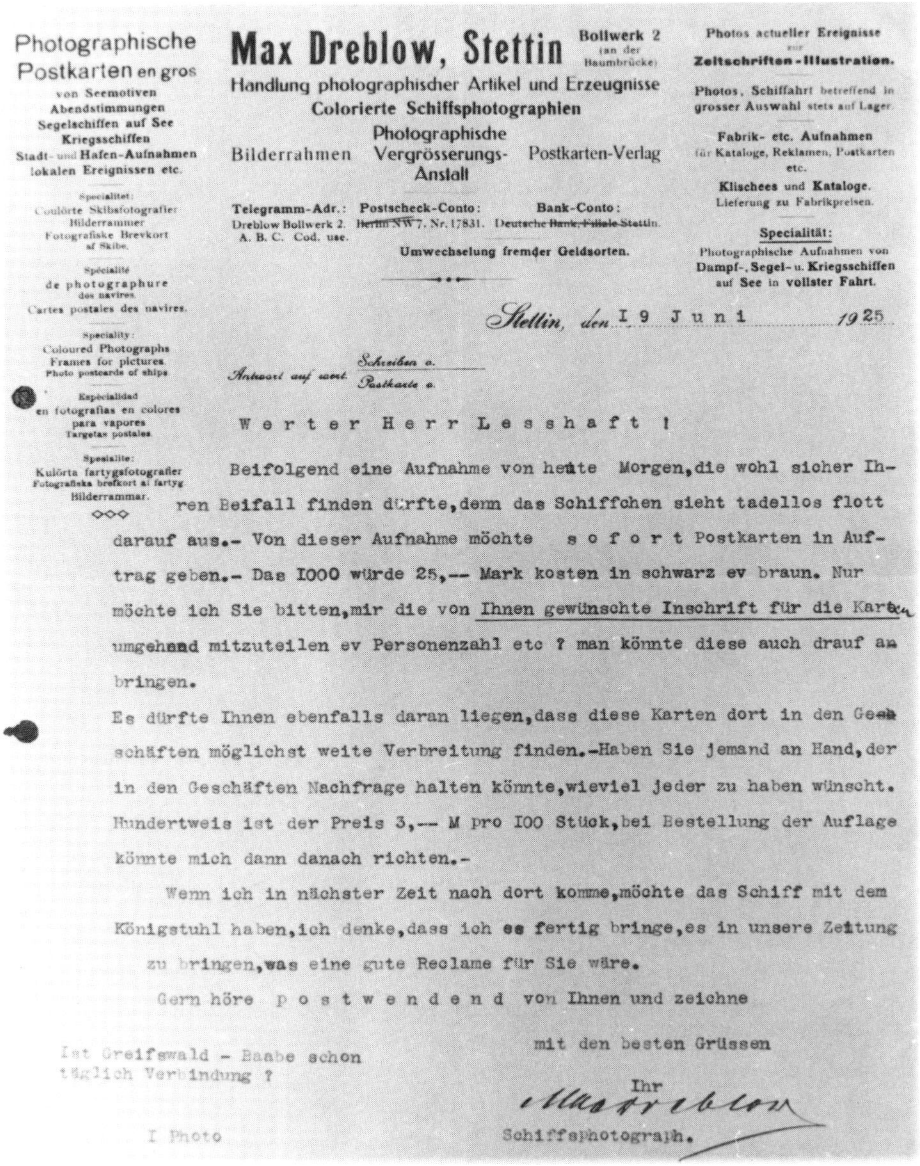

Photographische Postkarten en gros
von Seemotiven
Abendstimmungen
Segelschiffen auf See
Kriegsschiffen
Stadt- und Hafen-Aufnahmen
lokalen Ereignissen etc.

Specialitet:
Coulörte Skibsfotografier
Bilderrammer
Fotografiske Brevkort
af Skibe.

Spécialité
de photographure
des navires.
Cartes postales des navires.

Speciality:
Coloured Photographs
Frames for pictures
Photo postcards of ships

Especialidad
en fotografias en colores
para vapores
Targetas postales

Specialite:
Kulörta fartygsfotografier
Fotografiska brefkort af fartyg
Bilderrammar.

Max Dreblow, Stettin Bollwerk 2 (an der Baumbrücke)

Handlung photographischer Artikel und Erzeugnisse
Colorierte Schiffsphotographien
Bilderrahmen — Photographische Vergrösserungs-Anstalt — Postkarten-Verlag

Telegramm-Adr.: Dreblow Bollwerk 2. A. B. C. Cod. use.
Postscheck-Conto: ~~Berlin NW~~ 7. Nr. 17831.
Bank-Conto: Deutsche ~~Bank, Filiale~~ Stettin.

Umwechselung fremder Geldsorten.

Photos actueller Ereignisse zur Zeitschriften-Illustration.

Photos, Schiffahrt betreffend in grosser Auswahl stets auf Lager.

Fabrik- etc. Aufnahmen für Kataloge, Reklamen, Postkarten etc.

Klischees und Kataloge.
Lieferung zu Fabrikpreisen.

Specialität:
Photographische Aufnahmen von Dampf-, Segel- u. Kriegsschiffen auf See in vollster Fahrt.

Stettin, den I9 Juni 1925

Antwort auf wert. Schreiben v. / Postkarte v.

W e r t e r H e r r L e s s h a f t !

Beifolgend eine Aufnahme von heute Morgen, die wohl sicher Ihren Beifall finden dürfte, denn das Schiffchen sieht tadellos flott darauf aus.- Von dieser Aufnahme möchte s o f o r t Postkarten in Auftrag geben.- Das IOOO würde 25,-- Mark kosten in schwarz ev braun. Nur möchte ich Sie bitten, mir die von Ihnen gewünschte Inschrift für die Karten umgehend mitzuteilen ev Personenzahl etc ? man könnte diese auch drauf anbringen.

Es dürfte Ihnen ebenfalls daran liegen, dass diese Karten dort in den Geschäften möglichst weite Verbreitung finden.-Haben Sie jemand an Hand, der in den Geschäften Nachfrage halten könnte, wieviel jeder zu haben wünscht. Hundertweis ist der Preis 3,-- M pro IOO Stück, bei Bestellung der Auflage könnte mich dann danach richten.-

Wenn ich in nächster Zeit nach dort komme, möchte das Schiff mit dem Königstuhl haben, ich denke, dass ich es fertig bringe, es in unsere Zeitung zu bringen, was eine gute Reclame für Sie wäre.

Gern höre p o s t w e n d e n d von Ihnen und zeichne

mit den besten Grüssen

Ihr

Max Dreblow

Schiffsphotograph.

Ist Greifswald - Baabe schon täglich Verbindung ?

I Photo

schiffs-Gesellschaft, und zwischen ihm und Max Dreblow bestand über Jahre hinweg eine enge, freundschaftliche Geschäftsverbindung.

Von dem 1915 vor Stubbenkammer gestrandeten Dampfer SVIONIA, dessen Wrack 1920 immer noch dort lag, machte Dreblow um diese Zeit von einem Ausflugsschiff aus eine hier nicht abgebildete Aufnahme. Er versah sie mit dem Bildtext »Dampferfahrt unter den Kreidefelsen« und schickte sie mit den Worten »Beste Grüße, Dreblow« an Paul Lesshaft. Da die Karte weder Marke noch Stempel aufweist, war sie sicher als Bildvorlage für eine größere Postkartenserie gedacht. Tatsächlich findet sich das gleiche Motiv auf später gedruckten Schwarzweiß-Karten wieder.

Auf der Rückseite einer Ansichtskarte, die den Passagier-Raddampfer GREIFSWALD vor Saßnitz zeigt, schrieb Dreblow am 5. Mai 1923 ebenfalls an Paul Lesshaft. In seinem in Faksimile wiedergegebenen Text bittet Dreblow um Zusendung der Dampferfahrpläne für die kommende Saison. Dabei erwähnt er auch seine Mitarbeit als Lokalreporter bei der »Stettiner Ostsee-Zeitung« und bietet sich an, im Lokalteil der Zeitung auf die Ausflugsfahrten der Saßnitzer D.G.

hinzuweisen. Dreblow profitierte von dieser Reederei, weil auf ihren Schiffen seine Karten verkauft wurden.

Im erhaltenen Archiv der ehemaligen Saßnitzer Dampfschiffs-Gesellschaft fand sich das hier ebenfalls in Faksimile abgebildete Schreiben Dreblows. Er hatte es am 19. Juni 1925 an Paul Lesshaft, den Prokuristen der Saßnitzer D.G., gerichtet, und neben dem Inhalt ist auch der werbewirksame Briefkopf interessant. Dreblow macht Paul Lesshaft das Angebot, eine größere Postkartenserie nach einer beigefügten Schiffsaufnahme bei ihm zu bestellen. Dem geforderten geringen Preis von 25 Reichsmark für 1000 Karten ist zu entnehmen, daß damit nicht echte Photoabzüge gemeint waren, sondern verlagsmäßig vervielfältigte Karten. Auch ohne das nicht mehr vorhandene Photomuster steht fest, daß mit dem von Dreblow so genannten »flotten Schiffchen« nur der 1925 für die Saßnitzer D.G. vom Stapel gelaufene, 421 BRT große Passagierdampfer STUBBENKAMMER gemeint sein kann. Das schöne kleine Schiff mit seinen zwei Schornsteinen war nach Vorschlägen von Paul Lesshaft auf den Stettiner Oderwerken gebaut worden.

»Die Galeasse ›Max Dreblow‹«, Gemälde, Oel auf Leinwand, 25 x 42,5 cm, 1953, von T. Lux Feininger.

Dreblows Kennzeichnungsarten

Im Laufe der Jahre hat Max Dreblow verschiedene Methoden benutzt, um seine Photographien urheberrechtlich zu kennzeichnen. Bis 1910 verwendete er hauptsächlich einen sogenannten Trockenstempel zum Einprägen seines Namens auf der Bildseite. Zwischen 1906 und 1907 tragen manche Karten auf der Rückseite zusätzlich die Gummistempel-Abdrücke »Photographische Original-Aufnahme« sowie »Nachdruck verboten« und die Jahreszahl. In späteren Jahren zeigte der Abdruck des Prägestempels, der anfangs so scharf war, daß er den Photokarton fast durchtrennte, deutliche Abnutzungsspuren, so daß Dreblow ihn nach 1910 nicht mehr verwendete. Außerdem erforderte der Gebrauch eines solchen Prägestempels, wie er bei fast allen Photographen damals üblich war, beträchtlichen Zeitaufwand. Deshalb verarbeitete Dreblow ab 1911 Photopapier, auf dessen Rückseite der Hersteller bereits den Photographennamen aufgedruckt hatte. Die Texte dieser Aufdrucke als Nachweise des Urhebers und zu dessen Schutz wechseln im Verlauf der Jahre. Über den gesamten Zeitraum von Dreblows Tätigkeit ließen sich bis jetzt 15 verschiedene Copyrights nachweisen. Sie reichen von dem erwähnten Trockenprägestempel über die unterschiedlichsten Aufdrucke bis hin zum winzig kleinen Gummistempel.
Immer wieder tauchen bisher unbekannte Varianten der Kennzeichnungen auf, und da sich das von Dreblow benutzte Photopapier mit unterschiedlichen Copyrights manchmal über mehrere Jahre hinweg überschneidet, wird deutlich, wie schwierig eine zeitliche Zuordnung seiner Aufnahmen nur anhand der rückseitigen Aufdrucke sein kann. Diese sind, für sich allein gesehen, nicht beweiskräftig und können sogar verwirren. So griff Dreblow z.B. in der wirtschaftlich schlechten Zeit nach 1918, als die Schiffahrt darniederlag, mangels geeigneter neuer Motive auf sein großes Archiv mit Negativen aus den Jahren vor dem Ersten Weltkrieg zurück. Von besonders schönen und längst vergriffenen Aufnahmen fertigte er neue Abzüge an, die natürlich ebenfalls Originale sind. Da sie jedoch auf anderem Photokarton mit neueren Aufdrucken abgezogen wurden oder einen kleinen Gummistempel-Abdruck tragen, wie ihn der Meister 1918/19 benutzte, kommt es leicht zu Irrtümern über die eigentliche Entstehungszeit der Aufnahme.
Oft ist eine sichere Datierung nur über das abgebildete Motiv möglich, z.B. bauliche Veränderungen auf der Stettiner Hakenterrasse, aktuelle Ereignisse im Hafen wie Flottenbesuche oder Stapelläufe, aber auch die Schiffe selber anhand ihrer Lebensläufe.
Hin und wieder kamen aus Versehen, aus Zeitnot oder weil es gerade an geeignetem Photopapier fehlte, auch Karten zum Verkauf, die überhaupt keinen Firmennamen auf der Rückseite aufweisen. Der einzige Hinweis, daß sie trotzdem von Max Dreblow stammen, ist dann nur ein kurzer Text auf der Bildseite in den bereits erwähnten Großbuchstaben. Dreblows Handschrift ist so charakteristisch, daß allein daran dessen Photos auf den ersten Blick erkennbar sind. In seltenen Fällen fehlt allerdings auch der Bildtext und damit der sichtbare Nachweis für

Faksimiles der Copyright-Vermerke

Aufdruck	Nachweis
	1906–1910
Photographische Original-Aufnahme Nachdruck verboten 1906:	1906 und 1907
Max Dreblow. Stettin.	1911–1914
Max Dreblow, Stettin. Jede Nachbildung wird strafrechtlich verfolgt	1912
Max Dreblow, Stettin. Jede Nachbildung wird strafrechtlich verfolgt.	1913, 1915 und 1920
Jede Nachbildung wird strafrechtlich verfolgt Max Dreblow. Stettin.	1913–1915
Max Dreblow, Stettin, Bollwerk 2	1914 und 1919 und 1926
Max Dreblow, Stettin, Bollwerk 2 Nachbildung verb.	1913–1915 und 1925
Max Dreblow, Stettin.	1918
Max Dreblow, Stettin. Bollwerk	1919
Max Dreblow, Stettin, Bollwerk 2	1919
Max Dreblow. Stettin.	1919
Max Dreblow, Stettin, Bollwerk 2 Nachdr. verb. Seereise Stettin-Rügen durch Schnelldampfer der Saßnitz-Linie Stettin.	1920–1924
Max Dreblow, Stettin. Bollwerk 2. Nachdr. verb.	1921–1926
Max Dreblow	1927 von Ernst Klett

Dreblows Urheberschaft. Hier kann der Kenner nur von der Erfahrung her, vom Gesamteindruck und anhand bestimmter Details mit relativ großer Sicherheit auf eine Arbeit Dreblows schließen.
Ein einziges Mal kann ich nachweisen, daß Dreblow eine völlig andere Kennzeichnungsmethode versuchte, indem er eine Aufnahme mit seinem Monogramm signierte. Es handelt sich dabei um das Photo von der Werfterprobungsfahrt eines beim Stettiner Vulcan gebauten deutschen Torpedobootes. Außer seinem charakteristischen weißen Text schrieb er in der gleichen Art »MD« in Ligatur auf die Platte und kopierte es auf die Papierabzüge. Zusätzlich drückte er seinen Trockenprägestempel auf die Bildseite der Karte.

Vorwiegend zur Kennzeichnung seiner großformatigen Abzüge verwendete Dreblow den unten wiedergegebenen Gummistempel. Er ist jedoch in seltenen Fällen auch auf den Rückseiten von Postkarten zu finden.

DREBLOWS TOD

Photographien von Graf Luckners Schoner VATERLAND und dem Kreuzer EMDEN in mehreren Varianten aus dem Jahre 1926 sind die letzten mir bekannten Arbeiten Dreblows. Schon anhand anderer Aufnahmen aus der gleichen Zeit meint man zu erkennen, daß seine frühere Aktivität nachgelassen hatte. Er verzichtete immer häufiger auf zusätzliche handschriftliche Bildtexte, und es fehlen die Möwen, mit denen er sonst so manche Aufnahme belebt hatte. Vielleicht war ihm die Jagd nach immer neuen Motiven, die für ihn ja zugleich ein Kampf um das tägliche Brot war, doch allmählich schwieriger geworden.

Leider ließ sich gerade über Dreblows letzte Lebensjahre kaum etwas in Erfahrung bringen. Ein wenig halfen nach über 60 Jahren die Erinnerungen des bereits zu Anfang erwähnten amerikanischen Künstlers T. Lux Feininger, der zwischen 1924 und 1935 zusammen mit seinen beiden Brüdern und seinem Vater Lyonel Feininger fast jedes Jahr die Sommerferien in dem kleinen pommerschen Badeort Treptower Deep an der Ostsee verlebt hatte. Zufällig fand Lux Feininger 1924 in der Korrespondenz seines Vaters drei Ansichtskarten mit Abbildungen kleiner Frachtsegler vor Swinemünde, die Max Dreblow photographiert hatte. Der junge Feininger war beim ersten Anblick so davon fasziniert, daß er beschloß, mehr von diesen prächtigen Aufnahmen zu erwerben. Er hatte sich die Adresse Dreblows gemerkt und suchte ihn im Sommer 1925 während eines Zwischenaufenthaltes in Stettin am Bollwerk auf. Nachdem er die drei Treppen bis zu Dreblows Wohnung erstiegen hatte, öffnete ihm auf sein Klingeln der Meister, der gerade in einem als Dunkelkammer eingerichteten Raum mit dem Fixieren und Wässern von Abzügen beschäftigt war. Dreblow machte keinen sehr glücklichen Eindruck auf Lux Feininger, und auf dessen Frage nach Segelschiffsphotos bekam er die kurze Antwort, daß »nur sehr wenig vorhanden« sei. Daraufhin erwarb er einige Aufnahmen des Segelschulschiffes GROSSHERZOGIN ELISABETH.

Interessant war Feiningers Hinweis, daß Dreblow 1925 seine Dunkelkammer innerhalb der Wohnung hatte, während sie sich vor 1914 im Hinterhof des Hauses befand.

Die mir erst 1989 bekannt gewordenen Lebensdaten Dreblows ermöglichten weitere Nachforschungen und brachten die Erklärung für das plötzliche Ende seiner Tätigkeit: Max Dreblow wurde in der Nacht vom 5. auf den 6. Februar 1927 das Opfer eines Verkehrsunfalls. Er befand sich auf dem Heimweg, als er von einem Auto angefahren wurde. Ohne das Bewußtsein wiedererlangt zu haben, starb er im Alter von 58 Jahren in den frühen Morgenstunden des 6. Februar im Krankenwagen auf dem Transport in ein Stettiner Krankenhaus.

Die in Stralsund gedruckte »Stralsunder Zeitung« übernahm aus Stettin die Meldung vom Tode Dreblows und brachte darüber am 8. Februar 1927 den hier in Faksimile wiedergegebenen ausführlichen Bericht.

Erst nach vier Tagen, am 10. Februar 1927, wurde Dreblows Tod standesamtlich registriert, ein Zeichen, daß er zuletzt völlig allein stand. Seine Schwägerin Therese Dreblow, die ihn frü-

her versorgt hatte, wurde schon lange nicht mehr in den Stettiner Adreßbüchern geführt. Sie hatte entweder noch einmal geheiratet oder war verstorben. In diesem Zusammenhang ist vielleicht von Interesse, daß der Name Dreblow im Stettiner Einwohnerverzeichnis von 1898 nur viermal vorkommt, 1927 jedoch bereits 25mal zu finden ist und 1930 sogar schon 30mal.
Jedenfalls wurden mit diesen Fakten über Dreblows plötzlichen Tod alle bisherigen Vermutungen gegenstandslos, er selber habe noch zu Lebzeiten sein Geschäft an seinen Nachfolger verkauft. Das haben vielmehr kurzentschlossen seine Erben getan, und an Interessenten für die renommierte Schiffsphotographen-Firma hat es sicher nicht gemangelt. Mit Ausnahme von Dreblows Wohnung Bollwerk Nr. 2, die aufgelöst wurde, erwarb der Stettiner Photograph Ernst Klett den Firmentitel, das vorhandene Vormaterial nebst fertigen Karten sowie das umfangreiche Plattenarchiv des Meisters. Damals hat wahrscheinlich niemand den wirklichen Wert und die Bedeutung der alten Glasplatten als einmalige historische Dokumente der Schiffahrt und der Heimatgeschichte erkannt.

Stettin. 6. Februar. (Tödlicher Unglücksfall.) Der Schiffsphotograph Max Dreblow von hier ist in der Nacht zum Sonntag das Opfer eines Unglücksfalles geworden. Dreblow befand sich kurz nach 3 Uhr auf dem Heimwege. Beim Ueberqueren der Moltkestraße in der Nähe des Kaiser-Wilhelm-Denkmals wurde er von einem Auto überfahren. Er blieb besinnungslos liegen, während der Chauffeur den Wagen abstoppte und sich sofort um den Verunglückten bemühte. Mit Hilfe zweier vorüberkommender Personen nahm er ihn auf, fuhr zunächst zur Sanitätswache, wo man jedoch im Augenblick nicht eingreifen konnte, und brachte ihn ohne Verzug ins Krankenhaus. Auf dem Wege dahin ist der Verunglückte seiner Verletzung erlegen. Man hat einen doppelten Schädelbruch festgestellt.

Der Nachfolger

Ernst Klett war Berufsphotograph und besaß 1926 ein Atelier in der Gießereistraße Nr. 30 im Stadtteil Grabow. Seine Wohnung hatte er in der Kaiser-Wilhelm-Straße Nr. 35. Als Firmenanschrift behielt er vorerst Dreblows alte Adresse am Bollwerk bei und nannte sein Geschäft anfangs »Max Dreblow, Nachfolger, Stettin, Bollwerk 2«. Später änderte er den Firmennamen in »Max Dreblow, Nachf., Inhaber Ernst Klett«. Anfang 1930 gelang es ihm sogar, im gleichen Haus Bollwerk Nr. 2, in dem Dreblow lange Jahre gewohnt hatte, ein Atelier in der I. Etage einzurichten, so daß die alte Geschäftsadresse wieder ihre Richtigkeit hatte. Lange konnte sich Klett aber nicht am Bollwerk halten, denn bereits nach wenigen Jahren war sein Photogeschäft in der Kaiser-Wilhelm-Straße Nr. 35, wo er ja auch wohnte.

In der ersten Zeit nach der Geschäftsübernahme versuchte Ernst Klett wie sein Vorgänger weiterzuarbeiten. Er nannte sich nun ebenfalls Schiffsphotograph und spezialisierte sich auf Schiffe und Hafenszenen. Da er sich aber auf Stettin beschränkte, erreichte er schon deshalb nicht Dreblows Vielseitigkeit. Anfangs tönte er seine eigenen Aufnahmen ebenfalls braun, griff in großem Umfang auf den Plattenbestand seines Vorgängers zurück und fertigte von den alten Negativen neue Abzüge an. Dabei fällt im Vergleich zu dem warmen Sepiaton der Originalbilder das dunklere und mehr ins rötliche gehende Braun der Klettschen Kopien sofort ins Auge. Es ist zugleich ein Zeichen, daß Dreblow das Geheimnis seiner eigenen Farbgebung mit ins Grab genommen hatte.

Oft findet man auf diesen neueren, farblich anderen Bildern noch die alten handschriftlichen Texte Dreblows, dagegen fehlt auf den Rückseiten jeder Hinweis auf den Urheber der Aufnahme. Andererseits existieren auch Abzüge von alten Negativen, die Klett mit Texten in seiner eigenen Handschrift beschrieben hat.

Eine beliebte Methode Ernst Kletts war es, die alten Glasplatten Dreblows mit einem zweiten, eigenen Negativ zu hinterlegen, auf dem er nur Wolken aufgenommen hatte, die er mit auf das Photopapier kopierte. Dadurch bekamen die fertigen Bilder gegenüber den Originalen ein verfremdetes, unnatürliches Aussehen. Wenn darauf auch noch Dreblows Handschrift zu sehen ist, wirken diese Aufnahmen erst recht irritierend: Sie entsprechen in keiner Weise den Arbeiten des Meisters, der solche Veränderungen niemals vorgenommen hätte.

Solange Max Dreblows Todesdatum allgemein unbekannt war, wurden ihm Aufnahmen von der Probefahrt des Stettiner Passagierdampfers Rugard, die im Juni 1927 stattfand, zugeschrieben. Dafür sprach, daß die Photokarten rückseitig den gleichen kleinen Gummistempelabdruck »Max Dreblow« trugen, wie er ihn um 1919 verwendet hatte. Nachdem jedoch nun feststeht, daß Dreblow bereits im Februar 1927 verstorben ist, können die Aufnahmen von der Probefahrt der Rugard im Juni 1927 nur von Ernst Klett stammen. Er hatte demnach in den ersten Monaten nach Dreblows Tod dessen Copyright weiterbenutzt.

Schon bald gab es Ernst Klett auf, braune Bilder in der Art seines Vorgängers anzufertigen, und stellte sich auf das einfachere Schwarzweiß-Verfahren um. Auch von Dreblows ehemaligen Platten machte er schwarzweiße Abzüge. Die Herkunft dieser Bilder erkennt man sofort an Dreblows markanten handschriftlichen Texten, die zu entfernen sich Klett nicht die Mühe machte.

Ende der 20er Jahre fertigte Ernst Klett für den Segelschiffs-Spezialisten Hans Szymanski aus Dreblows Plattenarchiv von bestimmten Aufnahmen neue Abzüge an. Szymanski benötigte sie zur Illustration seiner Bücher über die hölzernen Frachtsegler. Im Text bedankte er sich ausdrücklich für Kletts Unterstützung und nannte bei jedem Bild Dreblow als Urheber. Im Gegensatz dazu findet man im Anzeigenteil von Stettiner Adreßbüchern aus der Zeit um 1930, also kurz nach dem Tode Dreblows, zahlreiche Photos vom Stettiner Hafen ohne jegliche Herkunftsangabe. Anhand völlig identischer Originalaufnahmen läßt sich sagen, daß der größte Teil dieser Abbildungen von Max Dreblow stammt. Leider hat sich diese Einstellung in manchen Publikationen bis heute fortgesetzt: Bei den Abbildungen wird zwar die Herkunft aus der jeweiligen Sammlung genannt, nicht aber der Name des Photographen.

Nach seinem Studium und längerem Auslandsaufenthalt reiste T. Lux Feininger im Sommer 1935 zum letzten Mal nach Treptower Deep, ehe seine Familie im gleichen Jahr für immer in ihre amerikanische Heimat zurückkehrte. Als er in Stettin auf den Anschlußzug an die Ostsee wartete, stieß er in der Kaiser-Wilhelm-Straße 35 zufällig auf einen kleinen verschlafenen Photoladen, in dessen Schaufenster einige braune Dreblow-Karten ausgestellt waren. Wie elektrisiert ging Feininger hinein. Es handelte sich um das Geschäft von Ernst Klett, und er kaufte alles, was noch an alten Dreblowschen Photographien vorhanden war. Kletts Angebot, von den alten Platten seines Vorgängers noch mehr Abzüge anzufertigen, konnte Feininger aus zeitlichen Gründen nicht annehmen.

Max Dreblow nannte sich selber schlicht »Schiffsphotograph«, obwohl es in seinem Werk eine ganze Reihe von Themenbereichen gibt, in denen keine Schiffe gezeigt werden: Badeorte und Strandleben, Küstenansichten, Brandung, Wolken über dem Meer. Nach unserem heutigen Verständnis ist die Bezeichnung »Schiffsphotograph« also zu eng, und sie wird seiner Tätigkeit nicht gerecht. Andererseits gibt es auch keinen modernen Begriff, der die Gesamtheit des Dreblowschen Schaffens unzweideutig und angemessen ausdrücken könnte.

Der bereits mehrfach zitierte Künstler T. Lux Feininger malte 1953 in New York, wo er damals lebte, nach einem Photo Dreblows von einem unbekannten kleinen Frachtsegler vor Swinemünde ein 25 x 42,5 cm großes Ölgemälde. Aus Hochachtung vor dem Photographen und Künstler Max Dreblow, den er – wie er mir schrieb – ein halbes Leben lang verehrt habe, gab er dem Bild den Titel »Die Galeasse MAX DREBLOW«. Von diesem Werk hat Feininger sich nie getrennt; noch heute hängt es in seinem Sommerhaus an der amerikanischen Ostküste. Für die vorliegende Monographie hat der Künstler ein Photo seines Werkes angefertigt und freundlicherweise für eine Abbildung zur Verfügung gestellt (S. 26) – eine ungewöhnliche Hommage an einen wahren Meister der Kamera.

Was geblieben ist

Mit Dreblows Aufnahmen sind wertvolle Dokumente der Schiffahrt und aus Ostdeutschland erhalten geblieben, insbesondere aber von Stettin. Sie wurden festgehalten von einem Photographen, der sich mit seinem Werk selber ein Denkmal geschaffen hat.
Die ab und zu gestellte Frage, wieviele Photos Max Dreblow im Verlauf seiner fast 30 Jahre dauernden Tätigkeit insgesamt gemacht haben mag, läßt sich nicht beantworten. Mit Sicherheit sind es viele Tausende gewesen, von denen lei-

und 1939–45 sowie Flucht und Vertreibung nach 1945 überdauert haben. Noch lange Zeit nach dem Zweiten Weltkrieg galten alte Ansichtskarten, außer bei ganz wenigen Sammlern, allgemein als wertlos und wurden weggeworfen. Erst in den letzten beiden Jahrzehnten wurde allmählich ihre Bedeutung als einmalige historische Belege erkannt, und man begann sie verstärkt zu sammeln. Manche schöne Dreblow-Karte mag heute noch unbeachtet in irgend einer Schublade schlummern, noch mehr mögen unarchiviert und unerkannt in öffentlichen und privaten Sammlungen verstauben. Und auch bei Todesfällen gehen immer wieder solche Karten verloren, die für die Erben uninteressant, für die Nachwelt aber unersetzlich sind.

Das über viele Jahre kolportierte Gerücht, Dreblows Glasplattenarchiv habe den Zweiten Weltkrieg überdauert und sei in einem ostdeutschen Museum untergebracht, fand keine Bestätigung. Vielmehr dürfte alles 1943/44 den schweren Luftangriffen auf Stettin zum Opfer gefallen oder 1945 bei der Eroberung der Stadt durch sowjetische Truppen zerstört worden sein.
Einem alten Stettiner, der als Schiffsmakler bis 1945 eng mit dem Hafen und der Schiffahrt ver-

eine Redensart ein, die in den 30er Jahren häufig am Bollwerk in Stettin gebraucht wurde. Wenn jemand nach etwas Bestimmtem suchte, ohne es zu finden, hieß es oft von Kollegen: »Du suchst wohl Dreblow?« Leider konnte sich der Betreffende nach der langen Zeit nicht mehr an die Entstehung dieser Worte erinnern. Vielleicht bezieht der Ausspruch sich auf Max Dreblow, der mit seiner Kamera immer am Hafen unterwegs und also selten anzutreffen war. Auch heute wird Dreblow immer noch »gesucht«, und zwar von den Schiffsmotiv- und Heimatsammlern, die nach seinen schönen sepiabraunen Photokarten Ausschau halten.

Quellen und Literatur

Adreßbücher der Stadt Stettin. Diverse Jahrgänge.
Albatros, Heft 2/1987.
An die Ostsee über Stettin. Hrsg. Verkehrsverein Stettin. Diverse Jahrgänge.
Archiv der Saßnitzer Dampfschiffs-Gesellschaft.
Böddeker, Werner: Stettins Werdegang in preußischer Zeit ... zum bedeutendsten Handelsplatz der Ostsee. In: Schiff und Zeit, Heft 7/1978.
Ders.: Stettin in alten Ansichtskarten. Frankfurt/Main 1979.
Ders.: Stettin 1913, ... Wichtiger Salzheringsplatz Europas. In: Schiff und Zeit, Heft 16/1982.
Bölk, Walter: Strandungen und Seeunfälle an der pommerschen Küste von Dievenow bis Kolberg. Hamburg 1989.
Brustat-Naval, Fritz: Lebwohl, Vineta. Stuttgart 1967.
Ders.: Unternehmen Rettung. Herford 1970.
Ders.: Unter der Greifenflagge. In: Pommern, Heft 2/1985.
Deutschlands Städtebau, »Stettin«. Berlin 1925.
Die Pommersche Zeitung. Leer. Diverse Jahrgänge.
Eder, J.M.: Die Geschichte der Photographie. Halle/Saale 1922.
Eggebrecht, Wilhelm: Max Dreblow, ein Stettiner Original. In: Stettiner Nachrichten. Göttingen 1972.
Fleischfresser, Kurt: Mit auf den Kurs. Laboe 1982.
Gauss, Werner: Liebes altes Stettin. Heilbronn 1950.
Ders.: Stettin und die Pommersche Bucht. Heilbronn 1952.
Hannek, Paul: Die Arbeit mit Gaslicht- und Bromsilberpapieren. Halle/Saale 1918.
Hansen, Hans Jürgen: Marinemalerei. Oldenburg 1977.
Hildebrand, Hans H., Albert Röhr und Hans-Otto Steinmetz: Biographien deutscher Kriegsschiffe, Band 1-7. Herford 1979-1983.
Hille, Horst und Frank: Technikmotive auf alten Ansichtskarten. Leipzig 1986.
Kaiser, Joachim: Deutsche Segelschiffe. Glückstadt 1986.
Kempe, Fritz: Franz Schensky, die Geschichte vom alten Mann und dem Meer. In: Der Photohändler, 1957.
Ders.: 5 Jahrzehnte Photographie. Ausstellungskatalog des Museums für Kunst und Gewerbe. Hamburg 1974.
Loeck, Gottfried: J.F. Braeunlich, einst ein Begriff für Ostseeurlauber. In: Pommern, Heft 1/1986.
Luckner, Felix Graf von: Seeteufels Weltfahrt. Gütersloh 1951.
Matthies-Masuren: Künstlerische Photographie, Entwicklung und Einfluß in Deutschland. Leipzig 1907.
Meyer, Jürgen: Segelschiffe auf alten Postkarten. Norderstedt 1975.
Ostsee-Zeitung. Stettin. Diverse Jahrgänge.
Pittelkow, Kurt, und Reinhart Schmelzkopf: Heimathafen Stettin. Cuxhaven 1987.
Pollack, Peter: Die Welt der Photographie von ihren Anfängen bis zur Gegenwart. Düsseldorf, Wien 1962.
Pommern, Zeitschrift für Kunst, Geschichte und Volkstum. Kiel. Diverse Jahrgänge.
Pommersches Wanderbuch. Stettin o.J.
Reden des Kaisers. München 1977.
Reichow/Kunkel: Stettin so wie es war. Düsseldorf 1975.
Schiff und Zeit. Herford. Diverse Jahrgänge.
Schiffahrt auf alten Photographien. Katalog der Ausstellung des Altonaer Museums von 1978. Herford 1983.
Schmelzkopf, Reinhart: Die deutsche Handelsschiffahrt 1888-1918. Cuxhaven 1982.
Ders.: Die deutsche Handelsschiffahrt 1919-1939. Oldenburg, Hamburg 1975.
Sedlaczek, E,: Die Tonungsverfahren von Entwicklungsverfahren. Halle/Saale 1928.
Siersdorfer, Theodor: Die Greifswald – oder wie man im Alter noch auf die schiefe Bahn kommen kann. In: Pommern, Heft 3/1983.
Stenger, Erich: Photopapier. Eine geschichtliche Betrachtung. Hamburg-Wandsbek 1955.
Stettiner Bürgerbrief. Kiel. Diverse Jahrgänge.
Szymanski, Hans: Die Segelschiffe der deutschen Kleinschiffahrt. Lübeck 1929.
Ders.: Deutsche Segelschiffe. Berlin 1934.
Till, Wolfgang: Alte Postkarten. München 1983.
Völker, Ernst: Stettin, Daten und Bilder zur Stadtgeschichte. Leer 1986.
Wulle, Armin: Der Stettiner Vulcan. Herford 1989.
Zemke, Friedrich-Karl: Deutsche Leuchttürme einst und jetzt. Herford 1982.

Es war nicht leicht, aus den im Laufe der Jahre gesammelten Photokarten, von denen jede, für sich betrachtet, ihre Reize hat, eine repräsentative Auswahl zu treffen. Zum einen wurde versucht, eine möglichst große Übersicht aller von Dreblow festgehaltenen Motive zu bringen, zum andern vorrangig solche Bilder zu berücksichtigen, die noch nicht veröffentlicht worden sind. Sie sind vorwiegend ihrer zeitlichen Entstehungen nach geordnet. Da Dreblow leider nur ganz wenige Aufnahmen datiert hat, mußten größtenteils die Motive Anhaltspunkte für die zeitliche Reihenfolge liefern. Dafür kamen an erster Stelle aktuelle Ereignisse des Zeitgeschehens infrage; doch manchmal fand sich auch ein Hinweis vom ersten Käufer der Karte auf der Rückseite. Die Abbildungen sind im folgenden etwas größer als das Postkartenformat und entsprechen auf diese Weise fast der ursprünglichen Plattengröße. Einige Photos wurden auf Doppelseitenformat gebracht. Sie zeigen die Qualität der Dreblowschen Aufnahmen in besonderem Maße.

Kurz bevor am 25. August 1905 der für die Hamburg-Amerika Linie gebaute Passagierdampfer KAISERIN AUGUSTE VICTORIA *auf der Vulcan-Werft in Stettin vom Stapel lief, photographierte Dreblow den noch auf der Helling liegenden, 206 m langen Schiffsrumpf. Der fertig ausgerüstete Dampfer war zu 24 581 BRT vermessen und zu dieser Zeit das größte Schiff der Welt. Links auf der Oder ist der kleine, sonst in Kolberg stationierte Behördendampfer* EXZELLENZ BAENSCH *zu sehen. – Das Photo wurde von einem Boot aus aufgenommen, nicht gerade ein fester Standort für Dreblows große Plattenkamera auf dem Stativ.*

FOLGENDE DOPPELSEITE

Blick über die Oder auf die Hakenterrasse mit den beiden Hauptbauwerken, dem Stadtmuseum links und dem prächtigen Regierungsgebäude rechts. Auf dem nördlichen Turm befand sich der Zeitball, dessen Niederfall Punkt 12 Uhr mittags den Schiffern zur Chronometerkontrolle diente. Auf der Spitze des südlichen Turmes stand die vergoldete Figur eines Matrosen. – Im Vordergrund der Stettiner Passagierdampfer HERTHA *von der Reederei J.F. Braeunlich. Rechts am Dampfschiffsbollwerk liegt der ebenfalls Braeunlich gehörende Raddampfer* FREIA.

HERTHA

PILOT

Die Photographie des französischen Vollschiffes SOCOA, *aufgenommen 1906 im Stettiner Hafen, ist ein Abzug von der wahrscheinlich einzigen erhaltenen Originalglasplatte Dreblows in der Größe 13 x 18 cm, heute im Besitz von Dr. Jürgen Meyer, Bremen, der den Abzug freundlicherweise zur Verfügung stellte. – Das Einlaufen der* SOCOA *fand in Stettin große Beachtung. Am 19. Mai 1906 berichtete der »Stettiner General-Anzeiger«: »Gestern traf von Thio (Neu-Caledonien) das in Bayonne beheimatete eiserne Vollschiff* SOCOA, *Kapitän Lecorre, mit einer Ladung Nickelerz von Swinemünde aus im Schlepptau der Dampfer* LOTHAR BUCHER *und* OTTO *hier ein und legte an der Schiffsbaulastadieseite unterhalb der Baumbrücke vor Anker. Diese Schiffsgattung ist hier eine seltene Erscheinung und das schmucke, stattliche Schiff erregte daher die allgemeinste Aufmerksamkeit. Das Schiff legte die Strecke in 141 Tagen zurück.*
Zu erwähnen ist noch, daß die SOCOA *das größte Segelschiff, welches jemals in den hiesigen Hafen eingekommen ist. Es ist im Jahre 1901 in St. Nazaire aus Stahl erbaut, hat eine Länge von 282 Fuß 8 Zoll, und ist 2738 Brutto-Registertonnen groß.* [...] *Wie uns mitgeteilt wird, hat Herr Max Dreblow verschiedene photographische Aufnahmen des schönen Schiffes bei dessen Einfahrt in den hiesigen Hafen gemacht, und die Originalaufnahmen und Postkarten in den Zigarrengeschäften von Krüger & Oberbeck, Breite- und Gr. Wollweberstraße-Ecke, und Köhlau & Silling, Bollwerk 8, gegenüber der Liegestelle des Schiffes ausgestellt, wo auch die Photographien käuflich erhältlich sind.«*

Ebenfalls aus dem Jahr 1906 stammt die Aufnahme des in Nantes beheimateten Vollschiffes GÉNÉRAL FAIDHERBE, *2326 BRT groß. Es ist jenes Schiff, das Dr. Wilhelm Eggebrecht 1972 in seinen in der Einleitung zitierten Erinnerungen an Max Dreblow erwähnt und das er seit seinen Kindertagen nicht mehr vergessen hat. – Auch die* GÉNÉRAL FAIDHERBE *liegt an der Lastadie und wird wie die* SOCOA *Nickelerz nach Stettin gebracht haben.*

Im Frühsommer 1907 photographierte Dreblow von der Oder aus das auf der Stettiner Vulcan-Werft gebaute Linienschiff POMMERN. *Es liegt hier am Ausrüstungskai der Werft, kurz bevor es im Juni 1907 nach Kiel überführt wurde. Der stark qualmende Schornstein läßt erkennen, daß ein Kessel bereits probeweise geheizt wird. – Das Linienschiff* POMMERN, *14218 t Wasserverdrängung, ging am 1. Juni 1916 in der Skagerrakschlacht verloren und nahm 839 Männer mit in die Tiefe.*

Vor der von Polizisten zurückgehaltenen Zuschauermenge durfte Dreblow seine Kamera aufbauen, um am 4. August 1907 den großen Autokorso in Stettin zu photographieren. Die Aufnahme ist ein Zeichen für Dreblows stets aktuelle und nicht nur auf maritime Themen ausgerichtete Tätigkeit. – Der Autokorso war für die damalige Zeit etwas Besonderes und der Höhepunkt die Fahrt über den Paradeplatz. Dreblows Aufnahmen waren sicher vorwiegend für die aktiven Fahrtteilnehmer gedacht; denn der Schreiber und vermutlich Fahrer des vorderen Autos fragt den Empfänger der Karte: »Kannst Du mich auf dem Auto wiederfinden?« Da Dreblow das Photo handschriftlich mit der Nr. 29 gekennzeichnet hat, wird er vorher schon 28 andere Aufnahmen gemacht haben, während noch zahlreiche blumengeschmückte Autos folgen. Bis jetzt ist aus dieser Serie nur dies eine Photo mit der Nr. 29 gefunden worden, ein Beispiel dafür, mit welchen Verlusten wir rechnen müssen. – Ähnliches trifft leider auch für andere Serienaufnahmen Dreblows zu, wo nur einzelne handnumerierte Karten auf die Vielzahl des ehemals Vorhandenen schließen lassen. Die Nummern sollten dem Publikum als Anhalt für Bildbestellungen dienen.

Stadtgeschichtlich von großer Bedeutung ist die von Dreblow kurz vor 1907 photographierte alte Baumbrücke. Sie war nicht nur die nördlichste aller Stettiner Brücken, sondern die erste Brücke überhaupt, die über die Oder führte, wenn man mit dem Schiff von See kam. Noch aus Holz gebaut, verband sie das Bollwerk auf dem Westufer der Oder mit der Lastadie auf dem Ostufer. Mit ihrer schmalen Fahrbahn und der altertümlichen, langsamen Klappvorrichtung war sie schon damals seit langem dem zunehmenden Straßen- und Schiffsverkehr nicht mehr gewachsen, so daß man dicht daneben mit dem Bau einer modernen Brücke begann. Der Name »Baumbrücke« stammt aus der Festungszeit der Stadt, als die Oder nördlich der Brücke jede Nacht mit durch Ketten verbundenen, schwimmenden Baumstämmen gesperrt wurde.

Das Gegenstück der alten Baumbrücke ist die aus Stahl auf Steinpfeilern errichtete 121 m lange neue Baumbrücke. Sie entstand von 1907 bis 1909 direkt nördlich der alten Holzbrücke, die anschließend abgebrochen wurde. Der 45 m breite Mittelteil konnte in zwei Teilen hydraulisch sehr schnell hochgeklappt werden. Das verkürzte die früher üblichen langen Wartezeiten. Auf der von Dreblow mit »1909« datierten Photographie sind oben am rechten Turm noch Handwerker mit letzten Arbeiten beschäftigt. Im Hintergrund will ein Schlepper gerade eine Bark durch die offene Brücke bugsieren. – Für Schaulustige, und daran fehlte es nie, war die Baumbrücke ein gerne aufgesuchter Ort, da sie von allen Stettiner Brücken am häufigsten für die Schiffahrt geöffnet wurde; allerdings nicht für die zahlreichen Schleppdampfer, die ihren Liegeplatz oberhalb der Baumbrücke am Bollwerk hatten. Sie mußten vor dem Passieren der Brücke den Schornstein umlegen. Dabei verschwand der an Bord dafür zuständige Mann häufig zur Freude der Zuschauer in einer Wolke aus Qualm und Ruß.

„DAS GRÖSSTE SCHIFF DEUTSCHLANDS"
DER RIESENDAMPFER „
„DIE ERSTE AUSFAHRT IN SEE"

RGEWASHINGTON" DES NORDDEUTSCHEN
NEMÜNDE 2. JUNI 1909.)

Die Aufnahme zeigt das Eisenbahnfährschiff DEUTSCHLAND *direkt nach dem Stapellauf, der am 17. Februar 1909 auf der Stettiner Vulcan-Werft stattfand. Das für den Trajektverkehr zwischen Saßnitz und Trelleborg gebaute, 2972 BRT große Schiff wird gerade gegenüber der Werft, am Ostufer der mit Treibeis bedeckten Oder, verankert. Dies Photo ist nur eines von mehreren, auf denen Dreblow das Ereignis festhielt. Links sieht man das kleine Arbeitsschiff* PIK AS, *rechts das ebenfalls werfteigene Trajektschiff* CAESAR.

VORHERGEHENDE DOPPELSEITE

Eine der ganz seltenen Aufnahmen, die Dreblow mit dem genauen Aufnahmedatum versehen hat, zeigt das erste Auslaufen des Passagier- und Frachtdampfers GEORGE WASHINGTON *von Swinemünde in See. Dies Schiff war nicht nur das größte, das jemals in Stettin gebaut wurde, sondern zu damaliger Zeit auch das größte Schiff Deutschlands. Am 8. November 1908 lief es auf der Stettiner Vulcan-Werft für den Norddeutschen Lloyd vom Stapel, nachdem es der Botschafter der Vereinigten Staaten getauft hatte. Der 212 m lange Dampfer war mit 25570 BRT vermessen, und sein Tiefgang war zu groß, um über Oder, Haff und Swine die Ostsee zu erreichen. Die Werft mußte deshalb das schwere Achterschiff durch Hebepontons, sogenannte »Kamele«, etwas anheben. – Dreblow photographierte die* GEORGE WASHINGTON *vom Ostufer der Swine aus. An dieser Stelle war der Strom am tiefsten, und deshalb wurde der große Dampfer so dicht am Ufer vorbei seewärts geschleppt.*

Die Stettiner Schiffbauer hatten einen so guten Ruf, daß sie viele Aufträge aus dem Ausland bekamen. Dreblow hielt viele dieser Bauten im Bild fest, so hier den auf der Vulcan-Werft gebauten und 1910 für die Kriegsmarine Uruguays vom Stapel gelaufenen, 1150 t verdrängenden Kleinen Kreuzer URUGUAY *bei der Probe- bzw. Übergabefahrt auf der Oder. Der Kreuzer fährt bereits unter der Flagge Uruguays stromaufwärts nach Stettin zurück, ein Zeichen dafür, daß die südamerikanischen Auftraggeber zufrieden waren und das Schiff übernommen hatten. – Rechts im Bild sieht man einige Möwen, die Dreblow zur Belebung des dunklen Hintergrundes auf das Negativ (Glasplatte) gemalt hat.*

Als Pressephotograph lichtete Max Dreblow aus naher Entfernung Kaiser Wilhelm II. und seine Gemahlin Auguste Victoria ab, während sie in Stettin auf einer Tribüne am Dampfschiffsbollwerk hohe Gäste erwarten. Lange hatte man diese und andere dazu gehörende Aufnahmen irrtümlich mit dem Empfang des russischen Zaren anläßlich der sogenannten »Zweikaisertage« 1907 in Swinemünde in Verbindung gebracht. Schließlich aber konnten die beiden auf dem Bild zu sehenden Torpedoboote als schwedische Boote der WAL*-Klasse identifiziert werden. Außerdem zeigt eine ähnliche Aufnahme nicht die russische Zarenjacht* SCHTANDART, *sondern eindeutig das schwedische Küstenpanzerschiff* OSCAR II.
Mit Unterstützung des Schwedischen Schiffahrtsmuseums in Stockholm und durch alte deutsche Zeitungsberichte gelang es endlich, die Rätsel zu lösen. Folgendes stellte sich heraus: Am 26. August 1911 gingen der schwedische König Gustaf V. und Königin Victoria, die eine badische Prinzessin war, von Solliden auf der Ostseeinsel Öland an Bord des Panzerschiffes OSCAR II. *Am 28. August, genau um 12 Uhr mittags, machte das schwedische Kriegsschiff unterhalb der Hakenterrasse in Stettin fest. Beim Anlegen spielte die auf dem Bollwerk angetretene Militärkapelle des Pommerschen Füsilier-Regiments Nr. 34 die schwedische Nationalhymne. Anschließend ging das deutsche Kaiserpaar zur Begrüßung der Gäste an Bord. Später schritten beide Herrscherpaare gemeinsam die Front einer Ehrenkompagnie der erwähnten »Vierunddreißiger« vor der Hakenterrasse ab. Kaiser Wilhelm II. hatte 1908 die schwedische Königin ehrenhalber zum Chef des Pommerschen Füsilier-Regiments Nr. 34 ernannt, das deshalb zusätzlich den Namen »Königin Victoria von Schweden« führte. Nachdem man im Stettiner Schloß ein festliches Abendessen eingenommen hatte, begaben sich die Majestäten einschließlich der Spitzen von Stadt und Provinz gegen 20.30 Uhr an Bord des geschmückten Passagierdampfers* HERTHA. *Die Stadt Stettin hatte zu einer Fahrt auf der Oder*

Mit dem Besuch des schwedischen Königspaares 1911 steht auch die obige Abbildung in Zusammenhang. Sie zeigt das für damalige Zeiten große schwedische Torpedoboot RAGNAR *der* WAL*-Klasse, eines der beiden Boote, die das schwedische Panzerschiff* OSCAR II. *mit dem Herrscherpaar an Bord auf der Fahrt nach Stettin begleiteten. Es machte ebenfalls am 28. August 1911 unterhalb der Hakenterrasse fest. Interessant und kaum noch bekannt sind auf dem Vierschornsteintorpedoboot, das Dreblow in seinem handschriftlichen Text »Torpedojäger« nannte, die beiden schwarzen Scheiben mit den weißen Zahlen. Es handelt sich um mechanische Entfernungsanzeiger für die Schiffsartillerie. Die obere Scheibe zeigte die einzustellende Entfernung für die Geschütze in Kilometern von 0–5 an, die untere Scheibe in Hektometern mit Zahlen von 1–9.*

stromabwärts eingeladen. Beide Flußufer waren mit Lichterketten und bengalischen Feuern beleuchtet, und auf der Fahrt zurück nach Stettin wurde ein großes Feuerwerk abgebrannt. Natürlich war auch die Hakenterrasse illuminiert. Alles hing mit den Herbstmanövern des II. deutschen Armeekorps zusammen, die 1911 in Pommern stattfanden.

Vom gleichen Tag, dem 28. August 1911, stammt auch die Aufnahme von der Begrüßung Kaiser Wilhelms II. und seiner Gemahlin durch die Vertreter der Stadt vor dem Stettiner Rathaus. Sie fand bereits am Vormittag statt, wobei die Bevölkerung dem Kaiserpaar zujubelte. Die Photographie bringt die ganze Pracht des von 1875 bis 1879 in neugotischem Stil erbauten neuen Rathauses voll zur Geltung. Selbst kleinste architektonische Details sind auf der ungemein scharfen Aufnahme zu erkennen, sogar die sechs Streifen der Stettiner Stadtfahne auf dem vorderen Giebelturm.

Dies Foto, das um 1911 entstanden sein dürfte, ist aus dem Fenster von Dreblows Wohnung im dritten Stock, Bollwerk Nr. 2, aufgenommen worden. Von hier aus hatte Dreblow einen herrlichen Ausblick auf den Hafen und das gesamte Bollwerk unterhalb der Hakenterrasse. Auf dem Fluß läuft eben der 1897 auf den Stettiner Oderwerken gebaute Zweischrauben-Passagierdampfer IMPERATOR *(1079 BRT) aus, der der Reederei J.F. Braeunlich gehörte.*
Links am Bollwerk liegt der Dampfer BERLIN *von der Swinemünder Dampfschiffs-Gesellschaft, der regelmäßig zwischen Stettin und Swinemünde verkehrte.*

Die dänische Galeasse ANNA *fährt unter vollen Segeln vor Swinemünde. Leider ließ sich das schöne Schiff nicht näher identifizieren, da der Name* ANNA *mehrfach in den Registern genannt wird. Die Aufnahme entstand um 1912 von der Swinemünder Ostmole aus. Von hier aus hat Dreblow besonders gern Schiffe photographiert.*

In einer größeren Serie hielt Dreblow Taufe und Stapellauf des von 1911 bis 1912 auf den Stettiner Oderwerken gebauten Passagier- und Frachtdampfers PRINZESSIN SOPHIE CHARLOTTE *fest, vielleicht im Auftrag der Bauwerft oder der Reederei, der Neuen Dampfer-Compagnie in Stettin. Auf der hier ausgewählten Abbildung sieht man das 1543 BRT große Schiff am 7. März 1912 von der Helling in sein Element gleiten. Da ein anderes, zeitgleich geschossenes Photo das Eintauchen des Rumpfes von achtern gesehen zeigt, muß Dreblow einen Gehilfen mit einer zweiten Kamera dabei gehabt haben. Daß er vor 1914 tatsächlich einen Helfer hatte, bezeugte der inzwischen längst verstorbene Stettiner Photograph Biedermann. Er hatte als junger Mann bei Max Dreblow gearbeitet und erinnerte sich noch im hohen Alter an seine erstarrten Hände beim Wässern der Papierabzüge im kalten Wasser in Dreblows Dunkelkammer im Hinterhof des Hauses Bollwerk Nr. 2.*

Auf dem Stettiner Rathausvorplatz stand der bekannte Manzelbrunnen, der von Professor Ludwig Manzel geschaffen und vom Volksmund nach seinem Schöpfer benannt worden war. Die Einweihung fand am 23. September 1898 in Anwesenheit Kaiser Wilhelms II. und seiner Gemahlin statt. Am gleichen Tag eröffnete der Kaiser auch den neuen Stettiner Freihafen. – Der Brunnen hatte als zentrale Figur eine Frauengestalt, die personifizierte Stadtgöttin Sedina. Sie war von Symbolen des Meeres, der Schiffahrt und des Handels umgeben. Max Dreblow hat den Brunnen aus verschiedenen Blickwinkeln festgehalten. Leider wurde dieses bedeutende Bronzedenkmal nach Kriegsende 1945 des Materials wegen abgebrochen.

Auch aktuelle Ereignisse hielt Dreblow im Bild fest. Hier ist es eine Truppenparade vor der Kronprinzessin Victoria Luise, der einzigen Tochter Kaiser Wilhelms II. und seiner Gemahlin Auguste Victoria. Die Prinzessin, zwischen mehreren Offizieren zu Pferde, nimmt die Parade des Pommerschen Füsilier-Regiments Nr. 34 ab. Sie selber war Chefin des Leibhusaren-Regiments Nr. 2 in Danzig, auch »Totenkopfhusaren« genannt. Deshalb trägt sie auch deren Uniform mit dem Totenkopf am Tschako. Sie blickt als einzige in die Kamera. Der Anlaß für diese Parade, die vermutlich zwischen 1911 und 1913 auf dem Exerzierplatz in Kreckow bei Stettin stattfand, ist nicht bekannt.

Vom Swinemünder Ostmolenkopf aus photographierte Dreblow 1913 den schwedischen Frachtdampfer URD *auf der Fahrt nach Stettin. Das nur 646 BRT große Schiff war 1907 in Göteborg gebaut worden und auch dort beheimatet. Es gehörte zu den vielen kleinen qualmenden Gesellen der Ostseeschiffahrt, die inzwischen fast vergessen wären, gäbe es nicht solche prächtigen Photos wie das von Max Dreblow. Datieren läßt sich die Aufnahme anhand einer Notiz des ersten Käufers auf der Rückseite: »Zur Erinnerung an meine erste stürmische Seefahrt am 11./12. April 1913 unter Kapt. Eneberg«.*

Im Gegensatz zu dem kleinen schwedischen Dampfer auf der vorherigen Abbildung wirkt der ebenfalls auf der Fahrt nach Stettin aufgenommene Lübecker Frachter LUISE HORN *allein schon durch seine Größe beeindruckend. Hier hat Dreblow nur* »S.S. LUISE HORN« *auf das Photo geschrieben und auf das sonst häufige »Gruß vom ...« verzichtet. – Der 3412 BRT große Dampfer war 1912 in England für die Lübecker Dampfschiffs-Rhederei Horn gebaut worden. So wie die* URD *und die* LUISE HORN *hat Dreblow im Verlauf der Jahre unzählige, hauptsächlich von See kommende Dampfer und Segler vom Swinemünder Ostmolenkopf aus photographiert.*

Als Vordergrund für diese Photographie , die an einem trüben Sommertag im Jahre 1913 gemacht wurde, wählte Max Dreblow den Kopf der Swinemünder Ostmole mit der Leuchtbake. Von See kommend, steuert der deutsche Kreuzer AUGSBURG *langsam auf die Einfahrt zu. Die so ausdrucksvolle und fast wie ein Gemälde wirkende Aufnahme gehört mit zu den schönsten Arbeiten Dreblows. – Der Kleine Kreuzer* AUGSBURG, *4915 t Wasserverdrängung, war 1909 auf der Kaiserlichen Werft in Kiel vom Stapel gelaufen. Im Ersten Weltkrieg war er in der Ostsee stationiert und mußte 1920 an Japan abgeliefert werden.*

An der Aufnahme des um 1913 nach Swinemünde einlaufenden Torpedobootes »10« (G 110) läßt sich erkennen, wie bekannt in Schiffahrtskreisen Dreblow inzwischen war. Vor dessen auf dem Ostmolenkopf aufgebauter Kamera ließ der Kommandant des Bootes nicht nur extra stoppen, sondern sogar die Maschine rückwärts laufen, wie das nach vorne strömende Schraubenwasser zeigt. Das still liegende Boot mit der zum größten Teil an Deck sich aufhaltenden Mannschaft sollte dem Photographen eine besonders gute Aufnahme ermöglichen. Ein Torpedoboot dieser Größe mit ca. 30 Mann Besatzung war für Dreblow stets ein lohnendes Motiv, da fast alle Matrosen gerne Erinnerungsbilder kauften.
Dreblow hatte vor 1914 gute Kontakte zu Torpedoboots-Kommandanten. Deshalb konnte er mit auf See fahren, und er hatte so Gelegenheit, aus der Nähe Aufnahmen von Torpedobooten in voller Fahrt und zum Teil bei stürmischem Wetter zu machen.

1912 ließ die Forenede Dampskibs-Selskab in Kopenhagen auf der Stettiner Vulcan-Werft den zu 11 800 BRT vermessenen Passagierdamper FREDERIK VIII. *bauen, der seinerzeit das größte dänische Passagierschiff war. Am Morgen des Stapellauftages, am 27. Mai 1913, photographierte Dreblow noch rasch die für die damalige Zeit gewaltigen zwei Propeller des Dampfers. Vermutlich bat er einen Werftarbeiter, sich links neben den unteren Schraubenflügel zu stellen, um so die Größe der Schraube besser zu demonstrieren. – Die Aufnahme gehört zu zahlreichen anderen, die vom Boot auf der Oder aus gemacht worden sind. Vorwiegend dürfte er für seine Hafenexkursionen die Motorboote der Reederei Otto Ippen benutzt haben, deren Abfahrtsstelle am Bollwerk fast vor Dreblows Haustür lag. Dreblow arbeitete auch sonst mit der Firma Ippen eng zusammen. Für die in großen Mengen gedruckten und mit Werbung für Ippens Hafenrundfahrten versehenen schwarz-weißen Lichtdruckkarten lieferte er die Bildvorlagen und trat auch selber als Verleger auf.*

VORHERGEHENDE DOPPELSEITE

Von der Hakenterrasse herab photographierte Dreblow um 1913 das Dampfschiffsbollwerk, an dem der Passagierdampfer HERTHA *der Stettiner Reederei J.F. Braeunlich gerade anlegen will. Straßenbahnen warten auf Fahrgäste, Pferdefuhrwerke auf Fracht. Im Hintergrund liegt ein Stapel Salzheringsfässer auf der Pier. – Charakteristisch für Stettin sind vor dem Hauptaufgang zur Hakenterrasse die beiden »Leuchttürme«, die Treppen und Bollwerk abends beleuchteten. Am gegenüberliegenden östlichen Oderufer erkennt man zahlreiche Haffkähne, »Mollenkähne«, die wegen ihrer drei hohen Pfahlmasten im Volksmund »Stangenschoner« hießen.*

Das Photo zeigt die untere Oder bei Bredow. Rechts im Bild segelt bei schwachem südlichen Wind der schwedische Rahschoner FRIDHEM *aus Visby stromabwärts. Links liegt am Ausrüstungskai der Vulcan-Werft der fast fertige Passagierdampfer* KÖNIGIN LUISE *der Hamburg-Amerika Linie. Damit läßt sich das Aufnahmedatum auf den Spätsommer 1913 festlegen. Im Hintergrund wird an dem bereits vom Stapel gelaufenen dänischen Passagierdampfer* FREDERIK VIII. *gearbeitet. Der große Schwimmkran neben dem dänischen Schiff hieß im Stettiner Volksmund »Goliath«, im Gegensatz zu einem kleineren Kran, der »David« genannt wurde. – Solche Hafenszenen gehören neben Photos der weißen Ausflugsdampfer zu den häufigsten Motiven Dreblows.*

Das Café »Parkhaus« lag innerhalb der Stadt in den Grabower Grünanlagen, einem ehemaligen alten Friedhof. Er wurde eingeebnet, als nach 1873 die Festungswälle Stettins fielen. Nur einige besonders kunstvolle Grabmale blieben erhalten und erinnerten an die frühere Totenstätte. – Max Dreblow mußte von seiner ersten Wohnung in der Giesebrechtstraße auf dem Weg zum Hafen die Grabower Anlagen durchqueren. Er photographierte das Café mit dem Parkhaus in mehreren Varianten, von denen sich die obige dem Jahr 1913 zuordnen läßt. Der damalige Inhaber Bruno Frank inserierte mit folgenden Worten: »Parkhaus in den Grabower Anlagen, vornehmstes Konditorei-Café in Verbindung mit Restaurant. Angenehmster Aufenthalt im Sommer und Winter«. – Bildvorlagen vom Parkhaus verkaufte Dreblow an verschiedene Stettiner Ansichtskartenverlage, die danach große Serien von colorierten und schwarz-weißen Karten drucken ließen, allerdings ohne den Namen des Photographen zu erwähnen.

Am südlichen Dunzigkai haben beachtlich große Oderkähne festgemacht; der Blick geht auf das Bollwerk am westlichen Oderufer. Rechts sieht man den Bleichholm mit den Klubhäusern der Stettiner Rudervereine einmal aus anderer Sicht als vom Bollwerk aus. – In der Mitte des Dunzigstromes der kleine Dampfer STEPENITZ *des Eigners Fr. Kahn, der regelmäßig zwischen Stepenitz am Haff und Stettin verkehrte. – Den Hintergrund bildet die Silhouette der Stettiner Altstadt. Links der beiden Schloßtürme überragt der Turm der Jacobikirche, die bereits 1187 geweiht wurde, die Stadt.*

Daß Max Dreblow nicht ausschließlich ästhetisch schöne Bilder machen wollte, zeigt die obige Aufnahme vom harten Tagewerk der Stettiner Werftarbeiter. Sie ist eine von mehreren, auf denen er den Bau des Hamburger Frachtdampfers WILHELM OELSSNER *1913/14 auf den Stettiner Oderwerken dokumentierte, vielleicht im Auftrag der Bauwerft. Für Dreblow typisch ist die Wahl des Aufnahmestandorts: Er photographierte von oben nach unten, um Vordergrund, Mitte und Hintergrund gut erkennbar auf eine Platte zu bekommen.*

Bei dem Dampfer WILHELM OELSSNER *handelte es sich übrigens um das vierte Schiff desselben Namens, das die Hamburger Reederei Gerhard & Hey im Laufe der Jahre in Dienst gestellt hatte. Dreblow photographierte auch Schiffstaufe und Stapellauf des Dampfers, die am 18. April 1914 auf den Stettiner Oderwerken stattfanden. Die Abbildung zeigt die Taufkanzel mit den Ehrengästen, bei denen es sich um die Werftdirektoren und Reeder mit ihren Frauen handeln dürfte. Die Sektflasche hängt klar zum Werfen. Eine Tribüne tiefer stehen die Ingenieure der Werft. Der freundlich blickende ältere Herr in der Mitte mit Spitzbart und Zylinder ist der künftige Kapitän des Dampfers, Theodor Berner, umgeben von seinen Söhnen.*

G.A.Boese.

STETTIN
HANSABRÜCKE U. FISCHBOLLWERK

Von der kleinen Pladrinbrücke aus, die die Silberwiese und Lastadie am östlichen Oderufer zwischen Holzstraße und Pladrinstraße miteinander verband, machte Dreblow um 1913 diese Aufnahme. Er nannte sie in seinem Bildtext »Am Grünen Graben«. Dieser »Grüne Graben« war eine kurze, schmale Wasserverbindung zwischen der Oder und der Parnitz. Neben hölzernen Oderkähnen liegen auch zwei dampfgetriebene Binnenschiffe am Kai der Silberwiese. Am gegenüberliegenden, westlichen Oderufer ist ein Flügel des Hauptpostgebäudes zu erkennen.

VORHERGEHENDE DOPPELSEITE

Kurz vor dem Ersten Weltkrieg entstand die so lebendig wirkende Aufnahme vom täglichen Leben auf dem Fischmarkt, der seinen Platz auf dem Bollwerk nahe der Hansabrücke hatte. Im Vordergrund haben einige der wegen ihrer spitzen Zungen gefürchteten Stettiner Fischfrauen ihre eigenartigen Sitzbänke und Fischtienen verlassen. Sie schauen, wahrscheinlich von ihm aufgefordert, zu Dreblow empor, denn sie kamen an erster Stelle als Käufer für das Bild infrage. »Fischtienen« hießen die runden und ovalen Holzzuber, in denen die Fische lebend zum Verkauf angeboten wurden. – Am Bollwerk festgemacht, schwimmen in der Oder »Drewel«, bootsförmige, mit zahlreichen Löchern versehene Behälter zur längeren Aufbewahrung lebender Fische. Zwei der Drewel tragen die Firmennamen C.A. Boese und Martin Stöwahse. Diese Firmen gehörten neben den Gebrüdern Jacob zu den bekanntesten Stettiner Fischgroßhandlungen.

Den für Stettin so außerordentlich wichtigen Heringsumschlag hat Dreblow mehrfach mit seiner Kamera festgehalten. – Hier haben zwei kleine Frachtdampfer gerade ihre Salzheringsladung gelöscht, die Fässer liegen auf der Pier. Leider gibt auch der Bildtext keinen genauen Anhaltspunkt, wo die Aufnahme entstanden ist, vielleicht am Dampfschiffsbollwerk unterhalb der Hakenterrasse oder aber am Bollwerk zwischen Hansa- und Eisenbahnbrücke. Dort war die Ladestelle der Berliner Lloyd A.G. Von hier aus wurden die Heringe mit Binnenschiffen, meist Eilgüterdampfern derselben Reederei oder der Schlesischen Dampfer-Compagnie, nach Berlin und Breslau weiterbefördert. – Während die Salzheringseinfuhr 1906 in Stettin 650 000 Fässer betragen hatte, erreichte sie 1913 mit 724 000 Fässern, das entsprach 112 000 t, ihren Höhepunkt. – Der Absender der obigen Karte nahm ebenfalls Bezug auf das Motiv und schrieb: »Liebe Mimi, an Heringen gibt es hier, wie Du siehst, keinen Mangel.«

Die obige Abbildung gehört zu den relativ seltenen Photographien, auf denen Dreblow um 1914 die Arbeitswelt im Hafen festgehalten hat. Salzheringsfässer werden von einem Küstenfrachter auf den Eilgüterdampfer ROON *umgeladen zum Weitertransport auf der Oder ins Binnenland. Das dampfgetriebene Binnenschiff* ROON *gehörte der Berliner Lloyd A.G. Dreblow hatte bei dieser Gelegenheit gleich mehrere Aufnahmen aus verschiedenen Blickwinkeln gemacht. Natürlich ging die Arbeit nicht so gemütlich vonstatten, wie es die Stimmung des Bildes vermittelt. Mit Sicherheit hat der Photograph die Personen an Deck der* ROON *entsprechend postiert; während der Aufnahme durften sie sich damals nicht bewegen.*

Von Stettin aus stromabwärts, an Bredow und Frauendorf vorbei, kam man zu dem kleinen Ort Gotzlow am Westufer der Oder. Dort lag direkt am Fluß das Gartenrestaurant »Gotzlow«, das zu den beliebtesten Ausflugszielen der Stettiner zählte. Stündlich legten die Verkehrsdampfer HANS *und* HANNI *der Reederei Braeunlich, später Retzlaff, direkt neben dem Kaffeegarten an. Der Inhaber des »Etablissements Gotzlow«, Erich Tiemann, inserierte in den 20er Jahren: »Vornehmstes Gartenlokal an der Oder, Sommer und Winter geöffnet. 2 Große Säle für Festlichkeiten, 500 Personen fassend. Gute Küche und gepflegte Getränke. Bequemste Dampfer- und Bahnverbindung. Im Sommer Donnerstags und Sonntags: Großes Militärkonzert«. – Hier also schwang, wie es in den Erinnerungen Dr. Eggebrechts heißt, »Meister Henrion seinen Taktstock«, unvergessen bei allen alten Stettinern. Dreblow machte die Aufnahme an einem Sommermorgen im Jahre 1914 vom Schiff aus. Die im Osten stehende Sonne scheint auf den Weinberg mit dem Bismarckturm, der zu Beginn des Ersten Weltkriegs im Rohbau fertig war, aber erst 1921 eingeweiht wurde. Das Photo erinnert an einen der schönsten Flecken in der Umgebung Stettins, von dem aus man geruhsam dem Schiffsverkehr auf der Oder zusehen konnte.*

Winterbilder vom vereisten Stettiner Hafen hat Dreblow seltener aufgenommen als Sommerbilder. Sicher waren sie mehr für die Liebhaber schöner Photographien gedacht. Das obige, vor 1914 entstandene Photo hat Dreblow vom Fenster seiner Wohnung Bollwerk 2 aus gemacht. Vorne am Bollwerk liegt der kleine Verkehrsdampfer STEPENITZ, *118 BRT, der Reederei F. Kahn aus Stepenitz am Stettiner Haff. Der Dampfer hat unter anderem Milch in Kannen in die Stadt gebracht, die nun von einem Pferdefuhrwerk abgeholt werden, ein Zeichen für die angeblich »gute alte Zeit«. Wenn diese auch sicher nicht so gut war, wie es in der Erinnerung erscheint, verlief das Leben doch ganz allgemein in ruhigen Bahnen. Rechts im Bild wird gerade der Gribeldampfer* HENNY, *764 BRT, durch die mit dichtem Treibeis bedeckte Oder stromabwärts geschleppt. Eisbrecher und Schleppdampfer waren im Winter ständig bemüht, ein gänzliches Zufrieren von Oder und Häfen zu verhindern.*

Ein weiteres Winterbild Dreblows aus der Zeit um 1913/14 zeigt den von der neuen Baumbrücke in Stettin aus photographierten Frachtdampfer HORST. *Das mit nur 220 BRT vermessene Schiff war 1907 in Danzig gebaut worden und gehörte zur Zeit der Aufnahme der Rendsburger Reederei Zerssen & Co. Vor dem Hintergrund der trotz des trüben Wintertages beeindruckenden Silhouette der Hakenterrasse wird der tief weggeladene kleine Dampfer gerade durch die geöffnete Brücke geschleppt. Der Anblick des in der Ostsee durch Sturm und Frost völlig vereisten Schiffes läßt erahnen, was Rudergänger und Wachhabender auf der fast völlig offenen, nur durch eine Persennig notdürftig geschützten Brücke des Dampfers damals im Winter auf See aushalten mußten!*

Zum pommerschen Winter gehörten natürlich auch die Dampfeisbrecher, ohne die weder der Stettiner Hafen noch das ca. 65 km lange Fahrwasser bis zur Ostsee offen zu halten waren. Nachdem man in Stettin lange mit dem Bau solcher Spezialschiffe gezögert und die Entwicklung abgewartet hatte, betrieb man ab 1888 den Bau von Eisbrechern um so energischer. Nach den Eisbrechern STETTIN (1), SWINEMÜNDE, BERLIN, POMMERN *und* HINDENBURG *lief 1920 auf den Stettiner Oderwerken der Dampfeisbrecher* PREUSSEN *vom Stapel. Er war mit 677 BRT vermessen und hatte eine Maschinenleistung von 1800 PSi. Die obige Abbildung zeigt die* PREUSSEN *an einem Wintermorgen 1921 auf der Oder. In der Nacht zuvor ist etwas Schnee gefallen und auf der fußbreiten Scheuerleiste längs des Rumpfs liegengeblieben. Dadurch kommen die schönen Linien des Schiffes besonders gut zur Geltung. Der Eisbrecher* PREUSSEN *bewährte sich in vielen Wintern im Stettiner Revier und in der Ostsee. Erst 1968 wurde das schöne Schiff in Lübeck abgebrochen.*

Diese Aufnahme gehört zu einer größeren Serie, die Dreblow am 24. Juli 1914, am Tag nach der schweren Havarie des Passagierdampfers Berlin *gemacht hat. Das Photo läßt sich deshalb so genau datieren, weil der ebenfalls auf dem Bild zu sehende Kunstmanndampfer* Saxonia *aus Stettin nachweislich am Morgen des 24. Juli 1914 längsseits der* Berlin *lag, um soviel ihrer Fracht wie möglich zu bergen. Eine dieser Havarieaufnahmen wurde bereits am Nachmittag des 24. Juli als Ansichtskarte in Stettin postalisch abgestempelt, ein Hinweis auf die rasche Arbeitsweise Dreblows. Er wollte natürlich von dem großen Interesse der Bevölkerung an dem Ereignis profitieren.*
Im Hintergrund der in Flachwasser auf Grund liegenden Berlin *ragt der Schornstein eines zweiten gesunkenen Schiffes aus dem Wasser. Es handelt sich um den Schlepper* Ostsee, *98 BRT, von Ernst Behnke aus Stettin. Das Unglück der* Berlin *ist anders abgelaufen, als bisher angenommen. Da die falsche Version inzwischen auch in die seriöse Schiffahrtsliteratur Eingang fand, soll das wirkliche Geschehen hier etwas ausführlicher geschildert werden. Beteiligt war an der Kollision nicht der schwedische Erzfrachter* Gellivara, *der richtig übrigens* Gellivare *hieß, und das Unglück ereignete sich am 23. Juli 1914 und nicht am 24. Juli. Der Dampfer* Berlin *, 503 BRT groß und Eigentum der Swinemünder Dampfschiffahrts-A.G., hatte unter Führung von Kapt. Krüger am 23. Juli 1914 mittags Stettin mit Ziel Swinemünde verlassen. An Bord waren ca. 200 Passagiere, darunter mehrere Schulklassen und die Musikkapelle des 34. Pommerschen Füsilier-Regiments aus Stettin, sowie einiges Frachtgut. Im Papenwasser, gegenüber der Stepenitzer Bucht, kam der* Berlin *um 13.45 Uhr der Seeschlepper* Ostsee, *geführt von Kapt. Schröder, entgegen. Die* Ostsee *hatte den mit Erz beladenen, 2989 BRT großen schwedischen Frachter* Porjus *unter Kapt. Boquist im Tau, der nach der Hütte »Kraft« in Kratzwieck an der Oder bestimmt war. Plötzlich änderte die* Berlin *ihren Kurs und lief mit voller Fahrt von 14 kn auf den Schlepper zu. Obwohl der Schlepper auf »Voll Zurück« ging und Warn-*

Später photographierte Dreblow auf dem Slip einer Stettiner Werft die tiefe Kollisionswunde des Schleppers OSTSEE, *den man bereits am Nachmittag des 24. Juli 1914 gehoben hatte, da er mitten im Fahrwasser lag und die Schiffahrt stark behinderte. Der Absender der Karte lieferte auf der Rückseite gleich Hinweise auf die Zusammenhänge mit, als er schrieb: »Umseitiger Schleppdampfer ist beim Untergang der* BERLIN *mit zusammengestoßen.« – Als Ursache des Unglücks nahm das Stettiner Seeamt nach gründlicher Untersuchung und Anhörung aller Beteiligten ein plötzliches Versagen der Rudermaschine der* BERLIN *an.*

---

signale gab, wurde er von der BERLIN *mittschiffs getroffen und fast bis zur Hälfte durchgeschnitten. Er sank so rasch, daß die sechsköpfige Besatzung nur noch über Bord springen konnte.*
Anschließend rammte der Erzfrachter PORJUS *trotz seiner geringen Fahrt die* BERLIN *am Steuerbordbug, so daß sie sofort mit dem Vorschiff zuerst zu sinken begann. Unter den Passagieren brach Panik aus, einige sprangen ins Wasser, andere kletterten an Bord des Schweden. Dieser setzte ebenso wie die auf Grund liegende* BERLIN *die Boote aus. Die im Wasser treibenden Menschen wurden aufgefischt und zusammen mit den übrigen Passagieren der* BERLIN *an Bord der Dampfer* WERNER *und* SEDAN *gebracht, die die Unfallstelle auf der Fahrt nach Stettin bzw. nach Swinemünde gerade passiert hatten. Als der Dampfer* SEDAN *am Nachmittag mit den Schiffbrüchigen, darunter die erwähnte Militärkapelle der »Vierundreißiger«, in Swinemünde eintraf, spielten die Musiker als Dank für ihre Rettung den Choral »Lobe den Herren, den mächtigen König der Ehren«. Zum Glück hatte es keine Toten gegeben. Einige Verletzte wurden in das Swinemünder Krankenhaus gebracht.*
Der Erzdampfer PORJUS *hatte oberhalb der Wasserlinie nur geringe Schäden erlitten und wurde noch am gleichen Tag von dem Cöhnschen Schlepper* KARL *aus Stettin nach Kratzwieck gebracht.*
Der Dampfer BERLIN *wurde später gehoben und repariert.*

Im Oktober 1915 entstand die Aufnahme des vor der Insel Rügen bei Stubbenkammer gestrandeten, 2797 BRT großen Stettiner Frachtdampfers SVIONIA. *Er wurde 1895 als* ADRAR *in England gebaut und 1912 von der Reederei W. Kunstmann aus Stettin angekauft, die ihn* SVIONIA *nannte. Am 3. Oktober 1915 wurde der Dampfer auf der Fahrt von Stettin nach Schweden in Ballast von dem in der Ostsee operierenden englischen U-Boot »E 19« gestoppt. Die Mannschaft mußte in die Boote gehen und landete an der Küste von Rügen. Die von dem U-Boot mit Torpedos und Granaten beschossene* SVIONIA *sank jedoch nicht, sondern trieb bei stürmischer See unterhalb der Kreidefelsen des 113 m hohen Königsstuhls auf den Strand. Trotz zahlreicher Bergungsversuche bekam man den Dampfer nicht von den großen Steinen herunter, die den Schiffsboden durchstoßen hatten. In den 20er Jahren wurde die* SVIONIA *an Ort und Stelle abgebrochen. Dreblow photographierte das Wrack kurz nach der Strandung von verschiedenen Standorten aus, unter anderem auch vom Königsstuhl.*

Auf diesem eindrucksvollen Photo hielt Dreblow um 1916 den 21 650 BRT großen Passagierdampfer TIRPITZ *fest. Als* ADMIRAL VON TIRPITZ *auf der Stettiner Vulcan-Werft vom Stapel gelaufen, wurde der bei Kriegsbeginn 1914 noch nicht fertiggestellte Neubau in* TIRPITZ *umbenannt. Für die Kriegsdauer wurde die Arbeit unterbrochen und das mächtige Schiff gegenüber der Bauwerft am Ostufer der Oder an den Oderwiesen verankert. Dort lag das imponierende Beispiel Stettiner Werftarbeit und rostete langsam vor sich hin. Auch nach Kriegsende kam die* TIRPITZ *nicht mehr unter deutscher Flagge in Fahrt, sondern wurde 1920 England zugesprochen. Vorher mußte der Dampfer, wie es eine weitere Aufnahme Dreblows zeigt, beim Stettiner Vulcan auf deutsche Rechnung fertig gebaut werden.*

Gegen Ende des Ersten Weltkriegs entstand die Aufnahme der auf dem Kopf der Swinemünder Westmole errichteten Mühlenbake von 1873. Sie war wegen ihrer Form berühmt und ist auch heute noch vorhanden. Dreblows handschriftlicher Text »Westmole bei Sturm« ist sicher übertrieben und war vermutlich für die Käufer aus dem Binnenland gedacht. – Der kriegsbedingte Mangel auf allen Gebieten des täglichen Lebens um 1917 läßt sich auch an Dreblows Arbeiten aus dieser Zeit ablesen. Einmal ist es die schlechte, grobfaserige Qualität des Photokartons, bei dem es sich nicht mehr um das übliche Gaslichtpapier handelte, zum andern ist es die mehr ins gelbliche gehende Farbe der Bilder. Da es an Chemikalien fehlte, um den gewohnten Sepiaton beizubehalten, behalf sich Dreblow vermutlich mit einem Schwefelbad, um die Papierabzüge braun zu tönen.

In die schwere Zeit nach dem Ersten Weltkrieg gehört die obige, vom Motiv her so schöne Aufnahme. Im Sommer 1919 photographierte Dreblow in Stettin auf der Oder den NDL-Dampfer CASSEL, *der zu 7642 BRT vermessen war. Das Schiff war in diesem Jahr hauptsächlich in der Ostsee beschäftigt, unter anderem bei der Rückführung deutscher Kriegsgefangener, und lief dabei auch Stettin an. Ob dies der Anlaß für die Aufnahme war, oder ob der Dampfer auf einer Stettiner Werft überholt wurde und vor der Ablieferung an die Siegermächte noch einmal an der Hakenterrasse vorüberfuhr, ließ sich nicht ermitteln. Wenn in dieser Zeit von Stettin aus ein deutsches Schiff an die Alliierten abgeliefert werden mußte, flaggte die mit der Schiffahrt so eng verbundene Bevölkerung unaufgefordert Halbmast. – Die* CASSEL *wurde im August 1919 in Bremerhaven an die Engländer abgeliefert, die sie 1920 an Frankreich weitergaben. Dort wurde sie in* MARECHAL GALLIENI *umbenannt und 1926 abgebrochen.*

Vermutlich von einem der Türme des Regierungsgebäudes auf der Hakenterrasse aus richtete Dreblow um 1920 seine Kamera auf das weitverzweigte, untere Stromgebiet Stettins. In seinem handschriftlichen Text auf der Bildseite nennt er die verschiedenen Wasserarme und Hafenbecken: im Vordergrund die Oder, hinter dem Bleichholm dann der Dunzigstrom, auf dessen Kai links das Schlachthaus steht. Es folgt das Freihafengebiet, und noch weiter zurück liegt der Industriehafen für den Massengüterumschlag. Im Hintergrund verliert sich im Dunst die weite Fläche des Dammschen Sees, der ein Wassersportparadies für die Stettiner Segler und Ruderer war.

Von einem hochgelegenen Punkt auf dem Ostufer der Oder aus photographierte Dreblow über den Fluß hinweg die gegenüberliegende Vulcan-Werft in Stettin-Bredow. Am Ausrüstungskai der Werft liegt der bereits erwähnte Passagierdampfer TIRPITZ, *der hier für die Ablieferung an England fertiggemacht wird. Rechts im Bild sieht man den 1920 für die Neue Dampfer-Compagnie in Stettin vom Stapel gelaufenen Frachtdampfer* HELA, *in der Mitte den Rumpf eines unbekannten Schiffes. Da die* TIRPITZ *am 30. Januar 1921 von Swinemünde aus in See ging und dies eine der wenigen Aufnahmen ist, die Dreblow selbst datiert hat (»1921«), läßt sich die Entstehung der Photographie auf den Januar des Jahres 1921 eingrenzen.*

VORHERGEHENDE DOPPELSEITE

1921 entstand diese Ansicht des Ostkais im östlichen Freihafenbecken mit den Schuppen I und II im Hintergrund. Die zeitliche Zuordnung ist dank der Viermastbark LENI, *links vor den Kränen Nr. 22 und 23, möglich. Die zu 1987 BRT vermessene* LENI *war 1891 als* CHRISTINE *auf der Werft von Tecklenborg in Geestemünde vom Stapel gelaufen. 1913 wurde sie von der Hamburger Reederei Vinnen angekauft und in* LENI *umbenannt. Ab 1914 war die Bark in Chile interniert und kehrte erst 1920/21 nach Deutschland zurück. 1921 lag die* LENI *in Stettin und mußte noch im gleichen Jahr an Italien abgeliefert werden. Dort kam das Schiff nicht mehr in Fahrt und wurde 1922 abgebrochen. – Der rötlichere Farbton des Bildes läßt erkennen, daß es sich um einen späteren Abzug von einer Originalaufnahme Dreblows durch dessen Nachfolger E. Klett handelt.*

Dieses Photo erinnert an eine Luftaufnahme. Tatsächlich wurde es vom 54 Meter hohen mittleren Turm des Städtischen Museums »geschossen«, wie Dreblows Bildtext besagt: »Blick vom Museum«. Unten im Vordergrund erblickt man das bekannte Terrassenhotel mit seinem markanten Türmchen. Am Bollwerk hatte das Hotel die Hausnummer 1, und zusammen mit den Häusern 1a und 1b war es Sitz so bekannter Reedereien wie Braeunlich, Kunstmann, Nimtz, Retzlaff und der Stettin-Wollin-Cammin-Dievenower Dampfschiffs-Gesellschaft. Direkt davor befand sich die Anlegestelle der Swinemünder Tourendampfer und Bäderschiffe. Dort hat gerade der Dampfer SWINEMÜNDE *festgemacht. Über die Baumbrücke hinweg schaut man auf die zum Teil noch aus dem Mittelalter stammenden Speicherhäuser auf der Lastadie. Der Blick reicht weit über den östlichen Stadtteil und die Oderniederungen hinaus bis zu den bewaldeten Höhen der Buchheide. Bei sehr guter Sicht konnte man von hier oben aus in Richtung Norden über den Dammschen See und das Stettiner Haff hinweg sogar die Erhebungen auf der Insel Wollin erkennen, wie es der Absender einer Dreblow-Karte in begeisterten Worten seinem Freund in Hamburg schildert.*

Am Westufer der Oder unterhalb von Stettin bei Gotzlow ließ die Pommersche Landwirtschaftliche Hauptgenossenschaft 1900 ein Getreidelagerhaus errichten, das bereits 1911 erweitert wurde und danach eine Speicherkapazität von 12000 Tonnen besaß. Mehrfach photographierte Dreblow vor dem Speicher liegende Schiffe, wie hier die stählerne Viermastbark HARALD, *ex* NIOBE, *ex* DAMSON HILL, *die 1893 bei Harland & Wolff in Belfast erbaut wurde und zu 2061 BRT vermessen war. 1921 erwarb die Nordische Handels & Reederei A.G. in Hamburg das Schiff und nannte es* HARALD. *Zwischen April 1921 und Februar 1922 lag die* HARALD *auf der Oder in Gotzlow und wurde hier mit Korn beladen.*

Von einem vorausfahrenden Motorboot der Reederei Ippen oder von einem der kleinen Verkehrsdampfer HANS *oder* HANNI *aus photographierte Dreblow um 1923 vor dem Hintergrund der Hakenterrasse den Passagierdampfer* HERTHA, *der von Stettin zu einer Fahrt an die Ostsee ausläuft. – Der Zweischraubendampfer* HERTHA, *1257 BRT, war 1905 auf den Stettiner Oderwerken für die Reederei J. F. Braeunlich vom Stapel gelaufen und gehörte zu den bekanntesten Stettiner Seebäderschiffen. Dreblow muß eine Vorliebe für die* HERTHA *gehabt haben, denn er lichtete sie am häufigsten von allen Bäderdampfern ab. Die obige Aufnahme zeigt das Schiff schon in der modernisierten Form mit breiterem schwarzem Schornsteintopp. Die* HERTHA *wurde im Ersten Weltkrieg von der Kaiserlichen Marine, im Zweiten von der Kriegsmarine beschlagnahmt und mußte 1945 an Griechenland abgeliefert werden.*

Immer wieder hat Dreblow von der Hakenterrasse und vom Bollwerk aus über die Oder den gegenüberliegenden Bleichholm photographiert, wo rechts der Dunzigstrom abzweigt. So sahen es auch täglich viele Stettiner und im Sommer die Scharen der Reisenden und Tagesausflügler. Weil allen Hafenbesuchern die Südspitze des Bleichholms ganz ungewollt ins Auge fiel, stand dort drüben auch seit vielen Jahren eine große Reklamewand. Hier werben um 1922 gerade die Pommerschen Lack- und Farbenfabriken m.b.H. in Stettin für ihre Produkte. – Die gleiche Aussicht auf den Bleichholm hatte auch Dreblow täglich vor Augen, wenn er aus dem Fenster seiner Wohnung in der 3. Etage am Bollwerk schaute. Aus dieser Perspektive photographierte er den Passagier- und Frachtdampfer PREUSSEN *von der Neuen Dampfer-Compagnie in Stettin, der 1912 als* PRINZESSIN SOPHIE CHARLOTTE *vom Stapel gelaufen war. 1922 benannte die Reederei den Dampfer in* PREUSSEN *um.*

Trotz winterlicher Wetterverhältnisse, erkennbar am verschneiten Strand im Hintergrund rechts, ging Dreblow zum Kopf der Swinemünder Ostmole, um von dort eine bei frischem Nordwind einlaufende Eidergaliote zu photographieren, auf der gerade das Großsegel gefiert wird. Links vor dem Schiff erkennt man die Mühlenbake auf dem Kopf der Westmole. – Leider ließ sich der kleine Segler nicht näher identifizieren.

Der 68 m hohe Leuchtturm von Swinemünde (genauer gesagt, stand er in dem kleinen Ort Osternothafen am Ostufer der Swine) war einst der höchste aller deutschen Leuchttürme. Zugleich ist er am häufigsten auf alten Ansichtskarten zu finden. Max Dreblow hat ihn vom Westufer über die Swine hinweg photographiert. Der Turm war 1859 seiner Bestimmung übergeben worden. Anfangs achteckig erbaut, mußte er wegen Verwitterung der äußeren Steine 1902/03 neu ummauert werden und war danach rund. Sein Licht hatte in den 20er Jahren eine Reichweite von 21 sm. Neben dem Feuerschiff ADLERGRUND *und den Leuchttürmen von Arkona, der Greifswalder Oie und Groß-Horst war er das wichtigste Nacht-Seezeichen für die Ansteuerung von Swinemünde, dem Vorhafen von Stettin. Vom Turm aus bot sich bei schönem Wetter ein phantastischer Blick auf die Reihe der Badeorte in der Pommerschen Bucht, bei ganz klarer Sicht sogar bis zur Greifswalder Oie und manchmal bis Rügen.*

Bei der Vorliebe Dreblows, bestimmte Motive von einem hohen Blickwinkel aus aufzunehmen, verwundert es nicht, daß er auch von der Galerie des Leuchtturms von Swinemünde bzw. Osternothafen herab photographierte. Da es mehrere solcher Aufnahmen mit unterschiedlichen Wetterverhältnissen gibt, muß Dreblow die über 300 Stufen des Turms häufiger hinaufgestiegen sein. – Eine dieser schönen Photographien aus über 60 m Höhe, um 1922 entstanden, zeigt den Blick in Richtung See mit den beiden Swinemünder Molen. Der Stettiner Passagierdampfer ODIN *von der Reederei J.F. Braeunlich läuft gerade zu einer Fahrt nach Saßnitz aus.*

Auch diese Aufnahme entstand im Jahre 1922. Trotz der äußerst schwierigen Wirtschaftslage im Deutschland der Inflationszeit herrscht am Badestrand von Swinemünde lebhafter Betrieb. Links liegt das Seebrücken-Restaurant in seiner reizvollen Fachwerkbauweise, rechts die Familien-Badeanstalt. Auch dieses Photo schoß Dreblow aus der Höhe herab von einem Balkon des damaligen Hotels »Splendid«. Er nutzte die Gelegenheit und machte gleich mehrere Aufnahmen hintereinander, von denen sich vier, etwas versetzt, wie ein großes Panorama aneinanderlegen lassen. Zum Teil kann man auf mehreren Bildern die gleichen Personen auf der Promenade erkennen; alle Photos müssen demnach innerhalb kürzester Zeit entstanden sein. Das hier abgebildete Photo ist das »westlichste« der Viererserie. Auf der Rückseite der Karte vermerkte der erste Käufer: »Zur Erinnerung an meine Ausbildungszeit bei der 2. Torpedohalbflottille in Swinemünde im Sommer 1922.«

Vom Swinemünder Ostmolenkopf aus photographierte Dreblow etwa im Sommer 1923 den von See kommenden Stettiner Passagierdampfer ODIN. *Er ist voll besetzt mit fröhlichen Menschen, von denen viele dem Photographen zuwinken. Manche Fahrgäste werden ihn persönlich gekannt haben. Aufnahmen wie die obige gehörten zu Dreblows Standardbildern, die sich am besten verkaufen ließen und die man deshalb heute noch relativ häufig findet. Ähnliche Photographien Dreblows gibt es von allen anderen Stettiner Bäderschiffen und in vielen Varianten: auslaufend Stettin, auf der Oder und im Haff, von Swinemünde auslaufend oder dorthin zurückkehrend. Man erzählt, daß die Kapitäne der Bäderdampfer beim Anblick von Dreblows Kamera rasch ein paar zusätzliche Schaufeln Kohle unter die Kessel werfen ließen. Der dann aus dem Schornstein quellende starke Rauch sollte ihren Schiffen auf dem Bild ein besonders imponierendes Aussehen geben!*

Die Fahrten der Bäderdampfer in die Ostsee waren sehr beliebt. Hier laufen die HERTHA *und* ODIN *von Stettin nach Saßnitz auf Rügen aus. Die Aufnahme entstand an einem diesigen Morgen aus dem Fenster von Dreblows Wohnung. Da beide Schiffe Sträuße von frischem Grün in den Mastspitzen tragen und zusätzlich mit Signalflaggen geschmückt sind, handelt es sich entweder um die erste Ausfahrt der Bäderdampfer nach der Winterpause oder um eine Fahrt am Pfingstfest; denn zu Pfingsten wurden in Pommern die Mastspitzen der im Hafen liegenden Schiffe mit einem grünen Strauß geschmückt. – Der zu 1177 BRT vermessene Zweischraubendampfer* ODIN *gehörte wie die* HERTHA *der Reederei J.F. Braeunlich in Stettin. 1902 war er auf den Oderwerken vom Stapel gelaufen.*

Das Stimmungsbild der kleinen Insel Greifswalder Oie östlich von Rügen machte Dreblow auf der Fahrt von Stettin nach Saßnitz an Bord eines Bäderdampfers. Es zeigt das Eiland von Nordosten aus. Das Photo wirkt wie eine Mondscheinaufnahme, doch entstand es bestimmt am Tage mit Hilfe eines Vorsatzfilters. Die Karte trägt auf ihrer Rückseite den Tagesbordstempel des Stettiner Dampfers ODIN *vom 1. August 1922. Sie wurde in Tschechisch geschrieben, in die Tschechoslowakei adressiert und in Saßnitz postalisch abgestempelt. Daß es aus der gleichen Zeit mehrere Dreblow-Karten tschechischer Absender gibt, zeigt, wie gern damals die Tschechen an die Ostsee reisten. Sie profitierten wie alle übrigen Ausländer Anfang der 20er Jahre von der rasch fortschreitenden Inflation in Deutschland.*

Wenn Max Dreblow auch hauptsächlich in Stettin, auf der Oder und in Swinemünde tätig war, so existieren doch zahlreiche Aufnahmen von der Insel Rügen. Außer in Saßnitz boten sich ihm an der schluchtenreichen Ostküste mit ihren Kreidefelsen abwechslungsreiche Motive, z.B. die »Wissower Klinken« und der »Hengst« nördlich von Saßnitz. Die obige Abbildung zeigt eine Teilansicht des Hafens von Saßnitz, aufgenommen um 1922. Links an der Kaimauer liegt der nur 68 BRT große Gaffelschoner JOHANNES, *der damals in Hamburg beheimatet war. Vor dem Hafenbahnhof hat der Stettiner Passagierdampfer* HERTHA *festgemacht. Im Hintergrund erkennt man einige deutsche Torpedoboote und noch weiter zurück die Anlegestelle für die Eisenbahn-Fährschiffe der Linie Saßnitz–Trelleborg.*

Der kleine Passagierraddampfer GREIFSWALD, *der hier vor Saßnitz in See gehend gezeigt wird, war 1865 auf der Werft von Möller & Holberg in Grabow bei Stettin als* WOLLINER GREIF *vom Stapel gelaufen. Er war anfangs zu 14 Neuen Preußischen Normallasten vermessen, später zu 94 BRT. Ab 1903 fuhr er unter dem Namen* ARKONA, *ab 1918 als* GREIFSWALD. *Seine Eigner haben sehr oft gewechselt. Von 1919 bis 1922 gehörte die* GREIFSWALD *der Saßnitzer Dampfschiffs-Gesellschaft, die ihn im Herbst 1922 nach Schweden verkaufte, wo sie im Spritschmuggel-Geschäft eingesetzt wurde und 1923 endete. – Die Karte ist von Dreblow auf der Rückseite beschrieben worden, wie das Faksimile auf S. 24 zeigt.*

POSEIDON

PANTHER

Am späten Abend des 9. Januar 1914 verfehlte der nur 287 BRT große Frachtdampfer Stolp *der Stettiner Reederei Franz Gribel in einem schweren Weststurm die Einfahrt in den Hafen von Stolpmünde und strandete östlich der Molen. Die Besatzung wurde durch den raschen Einsatz des Stolpmünder Ruderrettungsbootes* General Postmeister *gerettet. Noch in der gleichen Nacht sprang der Wind von West auf Nordost um, frischte bis Orkanstärke auf und verursachte eine Sturmflut an der pommerschen Küste. Die* Stolp *wurde so weit auf den Strand geworfen, daß sie nach dem Sturm »hoch und trocken« lag. Ein Abbringen des 1856 in England gebauten Schiffes lohnte nicht, so daß man es später an Ort und Stelle abbrach. – Dreblow photographierte die* Stolp *wenige Tage nach der Strandung, offenbar in sehr trübem und dunstigem Wetter.*

Vorhergehende Doppelseite

Von einem hohen Standpunkt oberhalb der Baumbrücke, vermutlich von einem Haus am Bollwerk aus, machte Dreblow im strengen Winter 1924 diese schöne Aufnahme. Der kleine Schlepper Panther *von der Stettiner Niederlage der Kohlen-Import A.G. in Königsberg zieht gerade auf der mit dichtem Eisbrei bedeckten Oder den der gleichen Reederei gehörenden Dampfer* Poseidon *durch die geöffnete Baumbrücke stromaufwärts. Vor dem Hintergrund der Lastadie liegt an der östlichen Flußseite das ebenfalls der Kohlen-Import A.G. gehörende Motorschiff* Charlotte *an den Pfählen. – Das Photo ist deshalb gut datierbar, weil der 1916 in Hardinxveld gebaute, zu 690 BRT vermessene Dampfer* Poseidon, *ex* Hengelo, *ex* Noordzee *erst 1923 von der Königsberger Reederei aus den Niederlanden angekauft worden war.*

Um 1922/23 unternahm Max Dreblow mit dem modernisierten Stettiner Passagierdampfer RÜGEN *eine Seereise nach Helsinki in Finnland. Während des kurzen Zwischenaufenthaltes im estnischen Reval, dem heutigen Tallinn, machte er mehrere Aufnahmen. Das obige Photo entstand im Hafen von Reval kurz vor dem Anlegen. Es ist vom Deck der* RÜGEN *aus aufgenommen und zeigt den für das Schiff freigehaltenen Platz an der Pier. Rechts liegt der finnische Dampfer* VIOLA, *links der Stettiner Dampfer* PREUSSEN, *die frühere* PRINZESSIN SOPHIE CHARLOTTE. *Im Hintergrund erkennt man Burg und Dom der estnischen Hauptstadt.*

Der zu 2170 BRT vermessene Passagierdampfer RÜGEN *geht um 1923 von Swinemünde aus mit der finnischen Flagge im Vortopp und der Stettiner Stadtfahne als Gösch am Bug nach Helsinki in See. Das stolze Zweischraubenschiff war 1914 auf den Stettiner Oderwerken für die Reederei J.F. Braeunlich vom Stapel gelaufen, fuhr aber nur einen kurzen Sommer zwischen Stettin und Saßnitz. Bei Kriegsbeginn im August 1914 kam es zur Kaiserlichen Marine. Nach dem Krieg konnte die Ablieferung an die Alliierten verhindert werden, und 1921 verkaufte Braeunlich die* RÜGEN *an die Stettiner Reederei R.C. Gribel. Nach einem Umbau lief sie im Liniendienst zwischen Stettin und Finnland. Die neu gestalteten Rumpfformen, Decksaufbauten und breiteren Schornsteine gaben dem Dampfer ein eleganteres Aussehen, und nicht umsonst hieß die* RÜGEN *als das schnellste und beliebteste Schiff Stettins »Schwan der Ostsee«. – Die weißen Buchstaben RCG für Rudolf Christian Gribel auf den roten Schornsteinringen dieser Reederei wurden an der Küste gerne als »Rum Cognac Genever« gedeutet oder auch als »Rechter Christlicher Glaube«. – Als Lazarettschiff überlebte die* RÜGEN *auch noch den Zweiten Weltkrieg. 1946 mußte sie an die UdSSR abgeliefert werden, wo sie noch mehr als zehn Jahre unter dem Namen* IVAN SUSANIN *Dienst tat.*

Zeppeline waren in Pommern nichts Ungewöhnliches; schon im Ersten Weltkrieg hatte es in Soldin im Kreis Stolp eine Luftschifferabteilung gegeben. – Auf dem obigen Bild überfliegt das deutsche Luftschiff ZR 3 (Baunummer LZ 126), das als Reparationsleistung für die USA bestimmt war, vor der Überführung während eines Erprobungsfluges über Deutschland im Jahre 1924 Stettin. Dreblow drückte in dem Moment auf den Auslöser seiner Kamera, als der Zeppelin über der Hakenterrasse stand, leider bei trübem Wetter. Im Vordergrund erkennt man am Bollwerk den kleinen Tourendampfer SWINEMÜNDE, *der zwischen Stettin und Swinemünde verkehrte.*

Die alte und die neue Zeit der Schiffahrt begegnen sich auf dieser 1924 entstandenen Aufnahme vor Gotzlow. Während eine eiserne Tjalk stromabwärts zur Ostsee segelt, läuft das von dem deutschen Ingenieur Anton Flettner entwickelte Rotorschiff BUCKAU *oderaufwärts nach Stettin. Der neuartige Antrieb nutzte mit Hilfe von Rotoren den sogenannten Magnus-Effekt zum Vortrieb aus, eine durchaus wirtschaftliche Methode, mit der mehr als 8 kn erreicht wurden. Um für die neue Idee zu werben, lief die* BUCKAU*, beladen mit 200 t Sandballast und ausgestattet mit einer reichhaltigen Bordbar, mehrere Ostseehäfen an. Unter anderem machte sie auch in Stettin unterhalb der Hakenterrasse vor dem Kontor der Reederei Victor Schuppe fest. Hier kam es vor dem Schiff zu einer lauten Protestaktion arbeitsloser Stettiner Seeleute. Sie waren der Meinung, diese Antriebsart benötige kaum noch eine Besatzung. Eine Aufforderung des Kapitäns, die* BUCKAU *zu besichtigen, überzeugte sie davon, daß eine vollständige Mannschaft an Bord war. Jedoch sollen zur Besänftigung der aufgebrachten Gemüter auch die spendierten hochprozentigen Getränke aus der Bordbar beigetragen haben!*

Bei den ersten deutschen Flottenmanövern in der Ostsee nach dem Ersten Weltkrieg versammelten sich Anfang September 1924 vor Swinemünde eine Anzahl Kriegsschiffe zu einer Flottenschau, die wegen der wenigen Deutschland nach 1919 verbliebenen Einheiten natürlich nicht mit den großen Flottenparaden der Vorkriegszeit zu vergleichen war. Trotzdem kamen viele Tausend Schaulustige nach Swinemünde. Selbstverständlich war auch Max Dreblow mit seiner Kamera dabei, um die Bilder bereits am nächsten Tag den Besatzungen und Besuchern anbieten zu können. Die Aufnahme zeigt das Linienschiff HANNOVER, *an der Boje im Swinestrom liegend. Die* HANNOVER *(14218 t) ist 1905 auf der Kaiserlichen Werft in Wilhelmshaven erbaut worden und brauchte wegen ihres Alters 1919 nicht an die Siegermächte abgeliefert zu werden. Bei den Herbstmanövern 1924 diente die* HANNOVER *dem damaligen Chef der Marineleitung, Admiral Behnke, als Flaggschiff. – Die Photographie hat ein Swinemünder Badegast am 5. September 1924 erworben, als er »zusammen mit Tante Emma« die Kriegsschiffe besichtigte.*

STETTIN
AN DER OBERWIEK

Vor dem Stadtmuseum (links) und dem Regierungsgebäude (rechts) auf der Hakenterrasse liegen am Dampfschiffsbollwerk der Verkehrsdampfer UECKERMÜNDE *und der Schlepper* GARM. *Für die fröhlichen Kinder und Jugendlichen im Vordergrund war ein täglicher Besuch des Bollwerks, dieses Mittelpunktes der Stettiner Schiffahrt, einfach selbstverständlich. Auf dem Bild ist zwar schon eine Autotaxe zu sehen, aber noch sind die Pferdefuhrwerke in der Mehrzahl. – Der kleine Dampfer* UECKERMÜNDE *von nur 89 BRT wurde 1875 bei Aron & Gollnow in Stettin für den Ueckermünder Dampfschiffs-Verein gebaut. Den Schlepper* GARM *(64 BRT) ließ Emil R. Retzlaff aus Stettin 1924 auf der Ostsee-Werft in Frauendorf bei Stettin bauen.*

VORHERGEHENDE DOPPELSEITE

Um 1925 entstand dies idyllische Stimmungsbild eines schmalen Nebenarms der Oder zwischen der kleinen Rahmsinsel (links) und dem mit Fabriken bebauten Westufer des Flusses (rechts), genannt Oberwiek. Die südlich der Bahnhofsbrücke gelegene Oberwiek war eine Ausbuchtung der Oder innerhalb Stettins, ähnlich der Unterwiek, die sich an das Dampfschiffsbollwerk vor der Hakenterrasse anschloß.

Die drei Stettiner Straßenbrücken besaßen ganz unterschiedliche Türme. Die hier abgebildete Hansabrücke lag zwischen der Baumbrücke im Norden und der Bahnhofsbrücke im Süden und wurde von 1901 bis 1903 als Ersatz für die alte hölzerne Lange Brücke an der gleichen Stelle erbaut. Die Hansabrücke war 105 m lang und der geöffnete Mittelteil 37 m breit. Sie verband das Bollwerk auf dem Westufer der Oder mit der Großen Lastadie auf dem Ostufer und hatte, wie auch die Baumbrücke, doppelspurige Gleise für die Straßenbahn. – Hinter der Brücke sieht man das Hauptzollamt, dessen Baustil an das Regierungsgebäude auf der Hakenterrasse erinnert. Die Aufnahme entstand um 1922. Von der Eisenbahnbrücke, welche die Oder zwischen Hansabrücke und Bahnhofsbrücke überquerte, hat sich bisher noch keine Aufnahme gefunden, die von Dreblow stammt.

Um 1924 photographierte Max Dreblow die Eisenhütte »Kraft« in Kratzwieck am linken Oderufer unterhalb von Gotzlow von Bord eines Schiffes aus. Der 1896/97 gegründete Hochofenbetrieb, zu dem später auch eine Zementfabrik gehörte, entwickelte sich dank seiner günstigen Lage am Wasser sehr gut. Außer Kalk waren die zur Roheisengewinnung notwendigen Einsatzstoffe in Pommern allerdings nicht vorhanden. Die Steinkohle zur Erzeugung von Koks, der für die Verhüttung von Erz gebraucht wurde, kam in Kähnen auf der Oder von Oberschlesien. Von Schweden holten Dampfer das Erz, das direkt am eigenen Werkskai gelöscht wurde. – Stromabwärts segelt bei günstigem Wind ein Gaffelschoner, genauer – wegen des Rundhecks – eine Schonergaliot.

Anfang der 20er Jahre entstand diese Aufnahme des Fähranlegers für die Trajektschiffe der Linie Saßnitz–Trelleborg im Hafen von Saßnitz. Links liegt das 1909 auf dem Stettiner Vulcan gebaute, zu 2972 BRT vermessene Eisenbahnfährschiff der Reichsbahn, die DEUTSCHLAND, *rechts das 1910 in Dienst gestellte schwedische Fährschiff* KONUNG GUSTAF V., *das 3062 BRT groß war. – Der festliche Flaggenschmuck auf beiden Schiffen und sogar auf dem Gittermast der Funkstation läßt vermuten, daß das Photo an einem Feiertag gemacht wurde.*

Vor der Einfahrt von Swinemünde entstand um 1925 die prachtvolle Aufnahme eines Dreimast-Gaffelschoners unter vollen Segeln, der in Stralsund registrierten FÜRST FRANZ ZU PUTBUS. *Sie war 1924 von dem Schiffbaumeister Moritz Koldevitz in Seedorf/Rügen für eigene Rechnung gebaut worden, zu 97 BRT vermessen und besaß einen Hilfsmotor von 50 PS. 1929 verkaufte Koldevitz das Schiff, das ein besonders langes Leben gehabt hat, nach Dänemark, wo es bis 1971 nacheinander unter den Namen* JØRGA, BLIX *und* JUDITH *fuhr. Zuletzt war der Schoner auf den Färöer-Inseln beheimatet, in deren Nähe er 1984 als* GARDAR *mit einer Ladung Salz an Bord sank. Die Besatzung konnte sich retten.*

Im Gegensatz zu allen sonstigen Abbildungen im Bildteil, denen echte Photoabzüge als Vorlagen dienten, handelt es sich bei der Ansicht des Dampfers STUBBENKAMMER *um eine fabrikmäßig gedruckte Karte. Auf der Rückseite trägt sie den Aufdruck »Verlag Max Dreblow, Stettin«. Die Karte beweist, daß Dreblow den Auftrag für die in seinem Schreiben vom 19. Juni 1925 der Saßnitzer D.G. offerierten Postkartenserie tatsächlich erhalten hat: 1000 Karten in braunem Offsetdruck für 25 Reichsmark. Die obige Ansicht ist identisch mit der in Dreblows Angebot erwähnten. Sie entstand am Morgen der Probefahrt auf der Oder.*
Dic wenigen Personen an Bord des Dampfers sind die Herren von der Bauwerft und der Reederei, die das Schiff anschließend übernommen haben. Der hintcre Schornstein war übrigens nur eine Attrappe, um den Dampfer optisch vorteilhafter aussehen zu lassen.

Einlaufend Swinemünde und aus beiden Schornsteinen gewaltig qualmend, macht der Passagier-Raddampfer NIXE, *728 BRT, einen imponierenden Eindruck. Das 1899 auf der Seebeck-Werft in Bremerhaven für den Norddeutschen Lloyd gebaute Schiff gehörte ab 1925 der Reederei »Frisia« GmbH in Hamburg-Altona. Obwohl oft behauptet wird, die* NIXE *sei nie von Stettin aus gefahren, beweist Dreblows im Sommer 1925 oder 1926 entstandene Photographie das Gegenteil. Ein alter handschriftlicher Vermerk auf der Kartenrückseite bestätigt dies: »Dampfer* NIXE *der Reederei Victor Schuppe«. Die Hamburger Eigentümer hatten den Raddampfer* NIXE *also um 1925 für die Sommermonate an Victor Schuppe in Stettin verchartert. Die 1923 gegründete Reederei Schuppe erlosch bereits 1926 wieder.*

*Am Bollwerk zwischen der Hansabrücke und der Eisenbahnbrücke lag die Ladestelle der Binnenschiffahrts-Reederei Berliner Lloyd A.G. Die kurz vor dem Ersten Weltkrieg entstandene Aufnahme vom Kontor dieser Reederei in der Klosterstraße 4 war vermutlich eine Auftragsarbeit. Mit den extra zum Photographieren in Positur gebrachten Angestellten und dem streng blickenden Bürovorsteher neben der Tür macht das Bild einen eher steifen Eindruck, möglicherweise auch verursacht durch die damals langen Belichtungszeiten. Die Tafel im Hintergrund gibt die Abgangszeiten der Eilgüterdampfer oderaufwärts an. Oben ist zu lesen: »Nächster Dampfer« und links darunter: (nach) Breslau »*D. Knesebeck*, Sonntag früh«. Rechts steht: (nach) Berlin: »*D. Göben*, Freitag Abend«.*

Der Leichte Kreuzer EMDEN (III) *aus ganz ungewohnter Perspektive: Max Dreblow photographierte ihn 1926 oben vom Leuchtturm Osternothafen aus, als der Kreuzer nach einem Besuch in Stettin über Swinemünde wieder in See ging. Hinter dem Schiff sieht man die Joachimsfläche, die das Fahrwasser stark einengte. Rechts im Hintergrund ist die für die Ansteuerung von Swinemünde wichtige Galeriebake auf der Westmole gerade noch zu erkennen. Diese dritte* EMDEN, *die ca. 7000 ts Wasser verdrängte, war 1925 auf der Marinewerft in Wilhelmshaven vom Stapel gelaufen und als Schulkreuzer in Dienst gestellt worden. Die für ein Kriegsschiff ungewöhnlichen Decksaufbauten auf dem Vor- und Achterschiff dienten der Unterbringung von etwa 160 Seekadetten. – Im April 1945 wurde die* EMDEN (III) *bei einem Luftangriff auf Kiel schwer beschädigt, anschließend in der Heikendorfer Bucht auf Grund gesetzt und nach dem Krieg abgewrackt.*

Viermastschoner VATERLAND *(1612 BRT) auf der Oder unterhalb der Hakenterrasse in Stettin. Mit diesem Schiff unternahm Graf Luckner 1926 seine sogenannte »Good-will-Reise« in die USA, um nach dem Ersten Weltkrieg Sympathiewerbung für Deutschland zu betreiben. Bevor Luckner seine Fahrt über den Atlantik antrat, bereiste er mit der* VATERLAND *im Sommer 1926 die deutsche Ostseeküste von Ost nach West. Beginnend in Königsberg, hielt er Vorträge, um mit den Einnahmen seine Reisekasse aufzufüllen. Zu diesem Zweck lief er auch Stettin an. Dreblow photographierte den Schoner, als er Anfang August 1926 den Hafen wieder verließ, um nach Warnemünde zu segeln. Graf Luckner befand sich zu diesem Zeitpunkt nicht an Bord; er war zusammen mit seiner Frau mit der Eisenbahn nach Warnemünde vorausgefahren.*